房地产
经纪人这样说，这样做

二手房销售一学就会的情景演练

林普文 编著

当代世界出版社
THE CONTEMPORARY WORLD PRESS

图书在版编目（CIP）数据

房地产经纪人这样说，这样做 / 林普文编著 .—北京：当代世界出版社，2016.10
ISBN 978-7-5090-1117-1

Ⅰ. ①房… Ⅱ. ①林… Ⅲ. ①房地产业 – 经纪人 – 基本知识 Ⅳ. ① F293.3

中国版本图书馆 CIP 数据核字（2016）第 152346 号

房地产经纪人这样说，这样做

作　　者：林普文
出版发行：当代世界出版社
地　　址：北京市复兴路 4 号（100860）
网　　址：http://www.worldpress.org.cn
编务电话：（010）83908456
发行电话：（010）83908409
（010）83908377
（010）83908423（邮购）
（010）83908410（传真）
经　　销：新华书店
印　　刷：北京普瑞德印刷厂
开　　本：710mm × 1000mm　1/16
印　　张：17
字　　数：227 千字
版　　次：2016 年 10 月第 1 版
印　　次：2016 年 10 月第 1 次
书　　号：ISBN 978-7-5090-1117-1
定　　价：39.80 元

前言

FANG DI CHAN
JING JI REN
ZHE YANG SHUO
ZHE YANG ZUO

以个体生活为研究对象的话，人们物质上的消费离不开吃穿住行。严格意义上来说，吃穿住行的排列是极其严谨的一个过程。就我国人民的消费层次来看，社会所创造的物质基础已经基本满足了吃穿的需求，“住”成为了社会新消费的浪潮。

中国人的住房理念和西方人截然不同，喜欢买房，而不喜欢租房。由于近年来一手房房价的飙升和人们梯级消费意识的增强，越来越多购房者把目光投向了二手房，二手房交易市场呈现一派欣欣向荣的景象，因而带动了房地产经纪人这一职业人数以每年十多万的数量在增长。然而，二手房市场这块“蛋糕”就这么大，竞争又如此激烈，房地产经纪人的工作也具有相当大的难度，如何才能更快、更好地做好销售工作，成为租售冠军呢？

房地产经纪人的入职门槛低，不需经过专门培训就可以直接上岗。一般人只要工作一两个月后，就能熟悉工作流程和商圈，也接待过不少客户，甚至开过单。如果有人因此而认为二手房中介很好做，那他就错了。中国的楼市和股市一样，发展迅速，却又复杂易波动，需要长期调整。在大环境好的时候，开几个单容易，但是在遇到经济不景气时，人们都持观望态度，对价格也极为苛刻，要成交并非易事。虽然成功的道路坎坷，但永远都会有人需要买房，房地产经纪人只要进行系统、全面性的学习，掌握房地产经纪相关专业知识和实战技巧，就能“披荆斩棘”赢得高业绩、高收入。本书就是为此而撰写的。

考虑到房地产经纪从业人士大多工作繁忙，本书的编写以少理论、多实践为主。本书依托作者多年的二手房销售经验，总结了二手房销售过程中的常见问题，通过几十个活生生的情景案例，以“错误应对 + 情景解析 + 正确应对示范”的方式，全方位展示了房地产经纪人应对各种销售问题的方法、技巧和话术。本书特别适合想突破现有业绩、成为租售冠军的房地产经纪人，相信只要认真读完这本书，一定会受益匪浅。正所谓“心有多大舞台就有多大”，熟练掌握相关知识和技能，就会发现成功和财富已经近在咫尺。本书编写过程中得到以下人员的大力支持，在此一并致谢：郑春蕾、李海真、杨兴慧、陈红梅、胡宁、谢伯韬、陈丽华、陈永聪、谢雪墩、蔡巍、尚丰。

由于水平有限，书中难免有不足之处，恳请广大读者批评指正。

第一章

获取委托情景演练

第二章

接待客户情景演练

第三章
房源推介情景演练

第四章
处理异议情景演练

第五章
讨价还价情景演练

第六章
促成交易情景演练

FANG DI CHAN
JING JI REN
ZHE YANG SHUO
ZHE YANG ZUO

第一章

获取委托情景演练

情景一
我有朋友做中介，我直接委托他买房就可以了

错误应对示范

1.“找朋友买当然是不错，不过朋友介绍的房源并不一定就适合您，我这里有很多优质房源，说不定就有最适合您的。”

点评：这样回答，很容易让客户误认为你为了抢占客户而故意诋毁他人。

2.“没关系嘛，多一个人帮您找房子，多一些选择，不是更好吗？”

点评：要想说服客户，就必须将你的提议所能带来的好处与客户的切身利益结合起来；否则，“汝之蜜糖，吾之毒药”，反倒让客户更为抗拒。

3.“其实，有时候找朋友买房子价格更不好谈，尤其是中介费。”

点评：价格是个敏感的话题，你说跟朋友不好谈价格，那么言外之意就是在你这里价格（尤其是中介费）有很大的谈判空间。这样一来，如果客户委托你买房，你必将陷入客户一再压价的被动局面之中。

4.“别以为熟人好办事，很多人就是找熟人买房，最后闹得很不愉快，没买到房子不说，朋友都做不成了。”

点评：这确实是很多人找熟人办事之后的共同体验，但是，作为房地产经纪人，说话一定要注意话术的运用。如果非要这么说，你最好借助于

第三人之口将这个事实不漏痕迹地传达给客户，这样客户接受起来才更加容易。

情景解析

“在家靠父母，出门靠朋友”，在中国，充斥着用各种关系织就的网络，上户口、打官司、办执照、找工作甚至包括生孩子都要找熟人，更别提买房子这么一件大事了。只要是有朋友做中介或者经营中介机构，有买房的打算之后，第一选择肯定是找朋友帮忙。然而，找朋友就真的让人省心、放心吗？总有借着朋友之名行“杀熟”之实的人。因为你对朋友的信任，相信对方的信誉，在交易的时候就会放松了警惕，在房款和产权交接这些重要问题上没有严格把关。更有甚者，交房手续还没有办完，就在朋友的催促下缴清了房款，最后“丢了朋友又赔钱，外加满肚子的窝囊”。

当客户表示要找朋友买房时，房地产经纪人首先要对他的想法表示理解，“我明白您的想法，很多人买房子首先想到的就是要找自己的朋友”，让客户觉得你是站在他的角度在思考问题，从而拉近彼此间的距离。然后，客观地向客户分析找朋友买房的弊端，比如由于面子问题，会不好意思一直跟朋友议价、不好意思让朋友一直同业主谈价，有的时候可能还会因为过分相信朋友而忽视了一些细节问题等。如果客户不以为然，还可以引用一些例子，表示自己身边就有客户经历过此类事情，以增加可信度。最后，向客户说明多委托一家中介不但没有任何损失，反而可以获得更多好处，比如会有更多的优质房源供其选择，这样客户就可以从房子的各方面进行多角度的对比，从而更快地买到一套适合自己的、又最为物美价廉的房子。

正确应对示范

客　户：“我只是看看而已。我有个朋友也是做中介的，我想直接委托他会更好。”

经纪人：“哦，请问您朋友在哪家中介？说不定我们还认识呢。”

客　户：“他叫 ×××，在 ×× 中介公司。”

经纪人：“孙小姐，我完全明白您的想法，熟人好办事嘛。但是不知道您想过没有，买房实在是一笔很大的交易，其中牵涉很多手续和金钱问题，有时候您并不好和朋友争论或者过多地要求什么。比如朋友告诉你这已经是最低价了，您却在另一家房产中介发现同样的房子开价却便宜 1 万元，这样一来，不仅丢了朋友还闹得满肚子不舒服。”

（客户沉默）

经纪人：“其实，如今大家买房都是委托给好几家中介公司，这样一来，不但可以选择的房源更多，价格也有比较。您委托我们代理和委托朋友买房之间并不会冲突，现在都讲究公平竞争嘛。如果您在我们这儿买到最合适的房子，相信您朋友也会替您高兴的。”

客　户：“你说得也对，有时候朋友间价格什么的还真不好说。那好吧，你也帮我找找房子……”

情景二
算了，听说买二手房很不安全，我还是买新房好了

错误应对示范

1. 向客户保证，本公司非常诚信和正规，不会不安全的。

点评：拍着胸脯打保票只会让客户认为你是在“王婆卖瓜自卖自夸”，远没有具体的小事例更有说服力。

2. 告诉客户这只是误传，是大家的偏见而已。

点评：对二手房中介的指责屡见于各大媒体，并不是空穴来风、无中生有。单凭你一句“是误传，是偏见”，不但不能消除客户的疑虑，反而更会让客户觉得你不够坦诚、欲盖弥彰。

3. 以“事实胜于雄辩”的说法来劝客户合作，过后他就会知道我们中介是不会乱来的。

点评：买水果可以先尝后买，买房子可就大不一样，客户不可能怀揣着无限的担忧，而仅凭你的一句话就来与你合作。

情景解析

现在有一个词语特别流行，叫做“长得太急”，是用来形容一个人面

相显老的。房地产中介行业是近年来发展最快的行业之一，同样是“长得太急”，再加上我国法律对房地产中介提供服务的内容、流程、收费标准等都没有明确的界定和规范，房地产经纪人入职门槛低，人员素质良莠不齐等问题，致使行业竞争无序、丑闻频现，以至于社会上对中介普遍持有负面看法，甚至有了“防火防盗防中介”的说法。那么，身为一名房地产经纪人，又该如何打消客户的这种偏见呢？

从众心理

从众心理即指个人受到外界人群行为的影响，而在自己的知觉、判断、认识上表现出符合于公众舆论或与多数人保持一致的心理。实验表明，只有很少的人保持了独立性，没有从众，所以从众心理是大部分个体普遍所有的心理现象。

美国人有一段十分传神的文字，来描述人的从众心理：

突然，一个人跑了起来，也许是他猛然想起了与情人的约会。不管他想些什么吧，反正他在大街上跑了起来，向东跑去。另一个人也跑了起来，这可能是个兴致勃勃的报童。第三个人，一个有急事的胖绅士，也小跑起来……10分钟之内，这条大街上所有的人都跑了起来。嘈杂的声音逐渐清晰了，可以听清“大堤”这个词。“决堤了！”这充满恐怖的声音，可能是电车上一位老妇人喊的，或许是一个交警说的，也可能是一个男孩子说的。没有人知道是谁说的，也没有人知道真正发生了什么事，但是两千多人都突然奔逃起来。

俗话说，“王婆卖瓜自卖自夸”。一味地拍着胸脯向客户保证自己的公司有多正规、声誉有多好，是无法让精明的客户信服的，反而容易让客户误认为你是为了掩盖什么而故意扯张大旗忽悠他。要想消除客户的不信任，最好的办法是例证法。这种方法利用了人们的从众心理，以其他客户的经历作为例子，让客户知道有同样想法的人最后还是选择了委托中介买房，让他们明白委托中介是一个非常明智的选择。

在与客户沟通时，最好先用“我理解您的想法（顾虑）”来拉近与客户之间的距离，然后用“一开始，很多人（有人）也和您一样，认为二手房的猫腻很多，不是很放心……”，举一两个与客户相类似的例子，最后用“但是他们最后还是选择了委托中介买房……”来打消客户的疑虑。需要注意的是，你所引用的例子最好是真人真事，如果有书面的证据就更为可信，也就更有说服力。

正确应对示范

（一）

客　户：“听说二手房猫腻很多，我看我还是再考虑一下，暂时还是不麻烦你们了。”

经纪人：“张小姐，我理解您的顾虑。您刚才进门时看到的那位穿灰色西装的先生，他是来签合同的，最初他的想法和您一样，也是担心二手房买卖猫腻多，没有选择中介机构，而是自己与卖主对接。在与卖主沟通的过程中，发现难以产生信任感。为了保险，他调查了卖主夫妻的单位情况，还要求卖主复印家庭户口，弄得对方好不高兴，结果没成交。因为房子还差点耽误了孩子的婚期。最后，经朋友介绍，找到我们中介，1 个月内就把房子定下来了。他一直感慨，当初就应该把这些事让中介做，自己花些手续费但省了很多事。”（举一个眼前的真实例子来打消客户的疑虑）

客　户：“我也知道会省事，不过，听说价格……”（客户说到价格后声音变小，意思是价格的猫腻很多。）

经纪人：“这个您就更可以放心了。房子的价格是由业主定的，我们中介只是一个桥梁，为你们买卖双方提供服务，牵桥搭线。当然了，作为中介，我们要兼顾到双方利益，不会只顾及某一方利益的。而且，到时候签合同，是业主同您以及我们中介三方一起坐下来签的，您和业主面对面接触，这里面还有什么猫腻呢？”

（客户沉默了）

经纪人：“您要是没有其他疑虑，我们现在就签委托书吧？”

（二）

客　户：“我听朋友说二手房猫腻很多，我想我还是去看看新房吧。别介意，我不是说你们公司不好，只是你也知道，报纸上一直都有报道，提醒大家要谨慎对待。”

经纪人：“张小姐，我明白您的意思。有很多客户一开始也同您一样，觉得二手房猫腻很多，委托中介买房挺不放心的。可是经过比较之后，他们就发现市场上二手房成交的份额并不低于一手房。关于买房纠纷，一手房更是比二手房多。因为二手房都是现房，房子的问题看得清清楚楚；而一手房就不同，大多是期房，就算全部付完款，通常也要等个一年半载的才能看到真正的房子。这期间，开发商、工期之类的问题都是无法预测的。所以，在看了几个新楼盘之后，他们还是决定买二手房。”

（客户显得还是有些担心）

经纪人：“不瞒您说，中介的运作刚开始是有些混乱，但是近年来国家一直都在不断制定相应的法律条款来保证买房者的利益，中介的运作是越来越透明，越来越规范。而且，我们是全国大型的房地产经纪机构，我们是不会砸了自己的牌子的，在服务质量上是绝对有保证的。您看，这个月单我们门店就成交了 20 套房子。”

客　户：“那好吧，就相信你们一回。你们可不能有猫腻，否则我是不会付中介费的。”

情景三
不会吧，中介费要2.5%？那我自己买算了

错误应对示范

1.“没关系，我们先看看房子，到时中介费是可以商量的。”

点评：“中介费太高”这一印象已经深深地植根于客户的心底。你的这种应对，不仅更印证了客户的疑虑，还会陷入与客户在中介费方面讨价还价的泥潭里无法自拔。

2.“这哪里会高啊？说实话，2.5%的中介费已经不高了，如果您自己买房，花费的钱可能比这个还多。”

点评：客户委托中介买房的主要原因还是图省心，所以，房地产经纪人拿中介费与客户自己买房的费用来做比较，完全是没有可比性的，也就几乎没有说服力。

3.“不可否认，有些小公司为了揽客会降低中介费，但是在他们那里买房，房源和服务都没有保证。”

点评：这种贬低竞争对手的做法，只会让客户对你心生反感。作为房地产经纪人，请一定记住“贬低他人永远也抬高不了自己”。

4.“您没有买房经验，自己买房很容易被骗的，与付点中介费比起来，

那样更不划算。”

点评：作为房地产经纪人，话术的运用显得尤为重要。同样一个道理，用不同的表述方式就可能有完全不同的效果。与客户沟通，请永远以让客户身心愉悦为前提。

情景解析

在与客户谈及委托时，房地产经纪人常常会遇到这样一个问题：“你们的中介费太高了。”事实上，“嫌货才是买货人”，当客户以中介费太高来拒绝委托时，严格上来说不应该算是一种拒绝，而是一种积极信号的释放，说明他已经接受了除这个因素之外的其他各个方面。

客户想要购买房子，这是事实，也是最为重要的，而中介费过高只是阻碍客户及时做出是否通过中介来买房的决定的一个因素。作为房地产经纪人，一定要牢牢把握住这一点，运用同理心，肯定对方的感受，充分理解客户的这个想法，拉近彼此的距离；然后巧妙地将通过中介买房的优势向客户做出阐述，比如说优质的房源、专业的保障、高质量的售后服务等，要让客户清楚地知晓，花了这份中介费，他得到的将是在最短时间内花费最少的精力就能找到自己各个方面都非常心仪的房子。

有时候，客户将不同中介公司的中介费做了对比，他为了能让你在中介费上做出让步是有备而来的。即使是如此，房地产经纪人也万万不能被客户所做的充足的功课而吓到，而要通过合理的问题询问出客户对别家中介公司的评价，在这个基础上再有重点地对两家中介公司进行对比，让客户了解到，选择你们才是更经济实惠的。然而，有些客户并不是单纯地因为中介费太高而拒绝你，而是其他中介开出的佣金较低，客户希望以此来压低价格。如果客户透露出这样的意图，在确定客户是通过与其他中介公司比较之后才提出中介费太高的时候，那么就要询问客户与哪家中介公司比较后才觉得价格高，然后向客户说明二手房中介服务的收费标准是由物价局核定的，有些公司虽然在中介费方面给了客户一些优惠，但他们的服务质量不一定有保证。

为了让客户点头认可你的说法，在向客户灌输“物有所值”的同时，可举一些反面例子来说服。比如，有些客户为了省一点中介费而找了小中介，结果在交易过程中出现了诸多问题，比如手续方面有纰漏、与业主恶意串通欺骗客户等。记住了，一定不能在看房之前就主动说出“中介费可以打折”、“到时中介费方面会给您优惠”之类的话语，否则会让自己过早地陷入价格谈判的局面，让自己处于被动地位。

正确应对示范

（一）

客　户：“不会吧，中介费要房价总额的2.5%？一套房子下来怎么说都要好几万。找你们中介买房要多花那么多钱，我看我还是自己找房子好了。”

经纪人：“谢小姐，我理解您的想法，现在房价那么高，2.5%的中介费确实不低。不过，您要知道，通过中介买房，可以获取更多的房源信息，不但能够更快买到房子，而且还可以在多套房源中比较，买到更适合自己的。如果不通过中介，自己去找房子，由于信息量有限，不一定能买到合适的，并且什么时候能买到也是个问题。另外，您可能不知道，二手房交易是一项非常繁琐和复杂的流程，需要办理很多手续，如房屋估价、贷款、合同、产权过户等，如果不熟悉，很可能会给自己带来不必要的麻烦，并且自己找房、办手续所花费的时间和精力也是一笔不少的钱。”（认同客户的感受，再向客户讲述中介费的价值。）

客　户：“我一个亲戚买过房子，我可以让他帮我。”

经纪人：“谢小姐，您说得没错，如果有懂行的人帮忙是再好不过了，但是亲戚总不能每天跟着您东奔西跑看房子吧。中介就不同了，我们对这个区域非常熟悉，掌握的房源也更加丰富，能够根据您的要求提供匹配的单元，而且能根据您的时间安排看房，节省了您的时间和精力。如果您自己找的话，恐怕跑断了两条腿都很难找到合适的房子。”（结合客户的情况，阐述委托中介买房的好处。）

客　户：“说得也对。”

经纪人：“如果您没其他问题的话，我们现在就把委托书签了吧？”（趁着客户动摇的时候立刻要求签协议书。）

客　户：“好！”

（二）

客　户：“不会吧，中介费要房价总额的2.5%？一套房子下来怎么说都要好几万。找你们中介买房要多花那么多钱，我看我还是自己找房子好了。”

经纪人：“谢小姐，我理解您的感受，一些客户刚开始也和您的反应一样。但是经过我们分析之后，他们发现这个钱是值得花的，最后也都委托我们买房了。”

客　户：“哦。那你也分析分析给我看看。”

经纪人：“其实，买房找中介就和买保险找保险经纪人的道理是一样的，因为我们对市场行情和房价更为了解。二手房交易是个复杂的流程，不熟悉的人操作起来十分麻烦，我们不仅能提供一系列的咨询服务，还能提供包括估价、贷款、产权过户、合同等的一条龙服务，让您省下更多的时间和精力，还能够避免您花高价多付冤枉钱。”

客　户：“听说××房产公司才收2%的中介费呢。”

经纪人：“嗯，您说得没错，有些中介公司的中介费确实较低。您去过他们门店吗？是否清楚他们的实力？”（先别着急进行反驳，引导客户说出对手的更多信息。）

客　户：“嗯，去过，门店不大。”

经纪人：“是这样的，有些中介公司为了招揽客源，的确在中介费方面给予了很大优惠。其实我也知道，您在乎的不是这点钱，而是希望钱花得有价值，能找到一套合心意的房子，您说是吧？我们是北京十大中介机构之一，门店分布范围广，房源丰富，服务质量更有保障。我的一位客户就跟我说过，他之前找的那家中介公司，虽然中介费收得很便宜，但是房源太少，1个多月了也没带看几套房源，而且对交易手续的办理不够专业，他担心出问题，所以后来找到了我们，很快就买到了自己称心的房子。”（谈论竞争对手的时候要客观，不能有刻意诋毁的嫌疑。）

客　户：“听你这么一说，好像有点道理。”

经纪人：“如果您没有其他问题的话，我们现在就签委托协议吧？”

客　户：“好的。”

情景四

对不起，我自己卖就可以了，不用找你们中介

错误应对示范

1.“您要自己卖，没有渠道和客户，您要怎么卖？”

点评：反问句生硬，容易让听者有不良的体验，从而产生不愉快。经纪人属于服务行业的从业人员，要想要业主／客户有一个好的体验、愿意把自己的业务委托于你，你就必须少用甚至不用反问句。

2.“您自己肯定是卖不出去的。”

点评：这种决绝的否定客户想法的应对只会让业主怒火中烧，直截了当地挂了你的电话，更不会留一丝一毫的机会给你。

3.“二手房交易是一个繁琐的过程，需要许多的证明和手续，这些您都要亲自处理，会浪费您很多的时间和精力。”

点评：这种应对说的确实是事实，但是就一般的业主而言，因为不是专业人士，又加上可能没有过出售房产的经历，所以不可能了解二手房交易的繁琐。此应对缺少感性的解说，流于直白，很难说服业主。

4.“您自己卖的话，不怕上当受骗吗？”

点评：业主不愿意委托中介的主要原因还是对中介公司不信任。你这

样的应对，一方面容易让业主误认为你是在质疑他的能力，从而心生不悦；一方面也会让业主对你的不信任雪上加霜：你们中介不是更会骗人？！

情景解析

对于房地产经纪人而言，客源很重要，因为客户将是直接付你服务费用的人；但房源也同样重要，因为“巧妇难为无米之炊”，纵使你手上有客户准备好了现金，你若没有适合他的房源也是白搭。经纪人为了充实自己手中的房源库，就不能坐等业主自动来委托，还要通过各种渠道挖掘有卖房需求的业主信息，然后主动去沟通。

在开发房源的最初阶段，最主要的沟通手段就是打电话。电话沟通方便、快捷，但也有一个弊端就是不能看到客户的表情、肢体动作等，很难捕捉客户的心思，所以一定要尽量顺着客户的意思来说服。在遭到客户的拒绝之后，不要轻易放弃，更不要一个电话接一个电话地死缠烂打，而应该站在客户的角度上思考：客户为什么不想委托中介卖房？

一般而言，业主拒绝中介的因素不外乎以下两种：一是对房地产中介公司不信任；二是想省下中介费用。而真正有卖房打算的业主，最为关心的不外乎售价的高低、交易是否能尽快实现以及交易的安全性。因此，与业主交流的时候，可以从以下几个方面来说服：

首先，让业主了解你的公司是正规的大公司，操作比较规范，能够保证交易的安全性，避免带来后顾之忧。此时，若能举出一些具体实例来证明，会让你的可信度大为提升。

其次，向客户说明“跳过”中介自行成交的不利和风险。二手房市场和一手房市场不同，买方和卖方大多数是非专业人士，而二手房交易是一个繁琐的过程，需要办理许多相关手续。一旦跳过中介，买卖双方就必须亲自去处理这些事务，会消耗极大的时间和精力，反而会降低交易的效率。此外，由于不熟悉相关事务，还很可能一不小心落入一些陷阱。

最后，向客户说明通过中介代理能够带来的好处和利益，比如公司推广渠道多样、客源丰富，能够帮助业主更快地卖出去、卖个好价钱，还可以用帮助搞卫生、打广告、重点推介等额外利益来吸引业主。

当然了，也不是每一个业主都会被你说动，如果谈到最后，业主仍然坚持己见，为给业主留下一个好印象，也为了给自己留一条后路，应向业主表示，自己在二手房销售这方面比较专业，如果有什么不懂的地方，可以随时打电话来询问，自己会为其提供一些有价值的信息。这样，业主会对你产生好感，说不定没过几天就发现自行销售真的麻烦多多，进而改变主意委托你卖房了。

正确应对示范

经纪人：“张先生，我在网上看到您有一套 ×× 小区的房子要出售，想向您了解一下具体情况，可以吗？”

业　主：“你说吧。”

经纪人：“请问您的房子多大？在几楼？”

业　主：“125 平方米，三房两厅，23 楼。”

经纪人：“是不是可以看到筼当湖？”

业　主：“是的，东南向，不但可以看筼当湖，还能看体育馆、看山。对了，你是不是中介啊？”

经纪人：“张先生真是厉害，一下就能听出来。是的，我是欣居房产小陈。”

业　主：“对不起，我没有打算委托中介。”

经纪人：“张先生，是这样的，我家就住在 ×× 小区边上的 ×× 花园，我对于那一片区非常熟悉，已经卖过十几套那里的房子。而且，我手头上现在就有 3 个想买 ×× 小区的客户，如果您委托我们销售，相信很快就能帮您卖出去的。”

业　主：“可是，我听说委托中介会有很多麻烦。”

经纪人：“张先生，我想您可能是对我们中介人员有所误解。其实，委托中介卖房对于业主来说还是更有好处的，比如，可以更快地帮您卖出房子，可以帮助业主节省时间和精力……”

业　主：“说得倒也是，可是我还是觉得不够放心。”

经纪人：“这点请您放心，我们欣居房产是厦门‘十佳’中介之一，管理完善，所有的员工都经过系统培训，至今还没有出现过客户投诉的事件。而且，我从事这一行业也有 5 年了，相对来说经验还是比较丰富的，你们小区 3 号楼 502 就是我帮忙交易的。”

业　主：“哦，那我什么时候去你们公司看看。”

经纪人：“好的。您看，是明天上午还是明天下午？”

业　主：“明天上午吧。”

情景五
不用了，我有朋友在做中介，我准备独家委托给他

错误应对示范

1. “为什么要独家委托呢？多委托几家中介，房子才能卖得更快啊。”

点评：对朋友的信任一定远远大于你这苍白的一句话所能传递的能量。房地产经纪人这个时候需要明确的是，你是在从业主的朋友手中抢客户，对于同时委托多家中介的好处，如果没有一些具体的、有吸引力的阐述，业主怎能轻易偏向于你？

2. “独家委托都有一个代理期限，超过了那个期限，就算房子没有卖出去，您同样要付中介费用。”

点评：这样的应对只是让业主多了一个顾虑而已，他最直接的做法可能是向他的朋友咨询此事，而不能成为业主答应你的代理请求的原因。

3. “独家委托很容易引起纠纷，不信您可以上网查一下，很多专家都表示要防止被独家代理。”

点评：这种应对明显是想通过贬低独家委托来提升多家同时代理的形象。殊不知，诋毁永远提升不了自身，反而会给业主留下不够诚信的不好印象。

情景解析

这是一个房地产交易无限火爆的年代，在一些好的地段，有时候甚至是一房难求，而好的房源一旦推出，必遭秒杀。可以说，房源就是房地产经纪人的生命线，而业内也有句经典名言印证了这一点，那就是“好房源是成功的一半”。为此，房地产经纪人必须抓住每一个房源，尤其是抓住每一个优质房源，这样才能更好地提升自己的业绩。

当业主表示要独家委托给朋友时，你当然不能轻易放弃。业主的委托方式不外乎多家挂盘或是独家委托，其最终的目的都是为了尽快、安全地将房产出手并变现。业主之所以打算独家委托，主要还是看在朋友的情分上。那么，此时，房地产经纪人如何才能说服业主、与其朋友共同分享这一房源呢？

对于这种情况，房地产经纪人首先要紧紧抓住业主想尽快将房产变现的心理，用诚恳的态度向客户阐明几家中介同时挂盘的好处。比如，多委托一家中介就多了一条推广渠道，客源就更多，卖得也更快。如果业主犹豫不决，还可以用一些额外的利益来吸引客户，比如表示会作为重点房源每天在报纸或者重要媒介上打广告，进行重点推介等。接着，房地产经纪人要通过推介自己公司的实力及信誉来获取业主的信任，最好能举出一些成功案例。另外，你还应让业主了解到将房源委托给你对他有什么好处，有好处才会让他动心。

与此同时，也可以适当地告诉客户独家委托并非想象中那么完美，比如若卖方自行买卖成交，仍然需要向代理方缴纳相应的佣金，而代理方不能按期卖出房屋也不需要承担任何责任；在代理销售期间，只能降低房价而不能抬高房价。甚至，有些中介还规定，超出约定房价的部分，双方要按一定比例分成，等等。不过，这个时候一定要注意，不能因为急于获取业主的同意而肆意诋毁独家委托这一方式，也不能对业主的中介朋友有任何的偏激言辞。否则，只会让客户心生不满甚至怀疑你的品德，最终是搬起石头砸了自己的脚。

正确应对示范

经纪人：“苏小姐，您有套 ×× 小区的房子要出售，是吗？”

业　主：“是啊，怎么了？”

经纪人：“是这样的，我手头上有两个客户想要购买 ×× 小区的房子，您看什么时候方便，我带客户去看房？”

业　主：“不用了，我想独家委托给 ×× 房产公司。”

经纪人：“哦，是吗？ ×× 房产公司也是家大中介，挺有实力的。苏小姐，请问您为什么独家委托给他们呢？”

业　主：“我有一个朋友在那里啊。”

经纪人：“那也是，这种事情交给朋友办的确会比较放心。苏小姐，您说您着急用钱，想将房子尽快卖出去？”

业　主：“是呀。”

经纪人：“那您可知道怎么样才能将房子尽快卖出去，并且卖个好价格？那就是要多找些客户，客户越多，卖得就越快，您说是吧？”

业　主：“是啊，没错。”

经纪人：“嗯，那您就应该多找几家中介公司挂盘啊。这样客户就多了，就容易卖出去了。再大的中介，他的客户数量也是有限的。”

业　主：“说得倒也是。可是我担心中介多会很麻烦，动不动就会被打扰。”

经纪人：“您放心，不否认有些中介太不顾及客户的感受。我们是北京‘十佳’中介公司，在这个片区已经扎根好几年了，这里面好多业主都是通过我们买的房子。”

业　主：“那也是。那好吧，你们也帮忙多找找客户。”

经纪人：“好的，苏小姐，您放心，我们一定会将您这套房子作为主推房源的。您的房子户型结构好，装修又不错，只要价格合适，一定卖得很快的。来，那我们办一下手续，登记一下您的信息……”

情景六
我想多委托几家中介公司，不想独家委托

错误应对示范

1.“是这样的，如果您独家委托我们销售，我们可以在《××日报》及房产专业网站上为您免费刊登广告，您看怎么样？”

点评：免费广告并不是独家委托的魅力所在，很多业主会认为同时委托几家中介公司，广告宣传反倒会更多。

2.“如果您独家委托给我们，我们可以免费帮您搞卫生。”

点评：要想让业主认同并接受独家委托这种方式，就应该结合业主的实际情况，把它的核心优势阐述出来。此种应对是在细枝末节的地方做文章，很难形成对客户的吸引，同时，“汝之蜜糖，吾之毒药”，你给出的好处并不一定是客户想要的。

3.“我们公司的网点多、覆盖范围广，如果您独家委托给我们，我们会帮您大力推广，肯定能卖个好价钱。”

点评：和第一种情况一样，这并不是独家委托的优势所在。

4.“您委托那么多家中介，肯定经常会被电话骚扰。独家委托给我们，可以省去很多麻烦的。”

点评：避免频繁的电话骚扰确实是独家委托的一个优势，但是比起这一点，业主更关心的是如何能将自己的房产快速、安全地卖出个好的价钱。所以说，单凭这一点，说服业主的可能性也是很小的。

情景解析

目前，房地产经纪人接受业主委托通常分为一般委托和独家委托两种。在接受业主委托时，应尽力争取获得独家委托，让客户签订《独家房产销售委托书》，明确双方权利和义务。

所谓“独家委托”，是指一种建立在委托人与受托人之间限制性的契约关系，在契约中委托人指定受托人为其独一无二的代理人。简单点说，独家委托就是业主只委托一家中介出售或出租，在委托期限内，委托方不得将其委托的房源自行或委托第三方出售或出租，否则将依法承担违约责任，并支付违约金。而一般委托，委托方则可将其委托的房源自行或委托第三方出售或出租，业主及接受委托的中介公司都有权力出售或出租该房源。

独家委托代理制具有更多优势，发达国家成熟的房地产市场都采用这种委托方式，它也将是未来二手房交易的发展方向，值得提倡。应该说，独家委托对于中介和业主都有好处。

业主对独家委托心存芥蒂，主要是由于对这种委托方式的不了解。房地产中介要想成功地说服顾客前来独家委托，就必须将其独特的优势介绍给客户：

第一，多家挂盘时，无效客源会比较多，造成业主时间和精力上的浪费，而独家委托则可以省时省心。

第二，独家委托可以说是一对一的跟进，少了许多中间环节，避免出现某些中介机构员工利用当事人留存在中介的房屋权属证书和身份证件恶意办理转移登记、侵吞房款的情况出现，让业主更放心。

第三，中介公司会加大推广力度，在多种渠道上打广告，进行有针对性的宣传，这样前来看房的客户大多为潜在客户，成交的概率会相对提高。

第四，多家同时挂盘，容易对客户形成误导：会不会是房子有问题，业主才这么急于出售呢？而独家委托则很好地规避了这种风险。

第五，选择了独家委托，客户就不会受到多家中介的电话骚扰，不会因此而影响了自己的正常工作和生活

在介绍独家委托的优势时，一定要注意与客户所能得到的实际利益结合起来，比如能卖高一点的价格、能尽快卖掉房子、不会被其他中介骚扰、更加安全有保障等。在许诺时，可以用提问式话术来诉求，先提出客户希望获得的利益，再仔细阐述独家委托如何为其获得这项利益。这样，客户就能较为真切地感受到独家委托带来的好处，事情便可水到渠成。

最后还有一点非常重要，在客户同意将房源独家委托给你时，一定要让客户签订《独家委托书》，这对双方的权利和义务都有个约束。

正确应对示范

经纪人：“王总，您工作这么忙，一定不愿意被过多地骚扰吧？”（故意提出客户不愿意碰到的问题）

客　户：“那当然。我还忘了提醒你，除非客户确实有意向，否则不要动不动给我打电话，烦都烦死了。”

经纪人：“嗯，王总，您放心，我们一定会尽量少打电话给你，我们公司非常注重保护客户，不会随便给客户打电话的。不过，别的中介公司就不好说了，有些中介公司一天会打好几个电话给业主呢，甚至同一家中介公司都会有不同的业务员分别打电话。我有好多客户都向我抱怨说那些中介公司像橡皮糖一样成天黏着。”

客　户：“哦，这些中介公司也实在讨厌。我就不喜欢找这样的中介公司。”

经纪人：“王总，那您看这样好吗？您将这套房子给我们独家委托，我们由专人负责来卖你这套房子，这样你就可以避免被过多打扰了。而且，对于独家委托的房源，我们会投入更多的广告，一周最少打五次广告，这样卖得就会更快。”（用避免被打扰、卖得更快等好处说服客户）

客　户：“那好吧。”

情景七
这样不好吧，我家的钥匙怎么能随便留给你们中介呢

错误应对示范

1. 算了，既然业主不肯留钥匙，那就不留了呗。

点评：消极不作为的经纪人永远也不会成功。业主不愿留下钥匙是情理之中的事情，不解释、不解惑，永远也不能得到业主的理解和信任。

2. 以威胁的口吻告诉客户如果不留下钥匙，房子会比较难卖出去。

点评：“威胁的口吻”一定要慎用，就像“狼来了”一样，如果不加节制地乱用，往往会适得其反，反倒加重业主的疑虑。

3. 一次不行就多次要求，多烦几次，业主说不定就同意留下钥匙了。

点评：业主不愿留钥匙的主要原因还是对中介的不信任，而你为了钥匙的事三天两头地打电话给业主的话，就更增加了骚扰的嫌疑，这样业主不仅不会留下钥匙，反而极有可能取消代理。

情景解析

业主留钥匙给中介公司的房源，业内通常称之为“钥匙盘”。对于中

介公司而言，钥匙盘越多，对成交就越有利：

一是钥匙盘看房比较方便。如果没有房源钥匙，而业主又不住在所要出售房源附近的时候，就很难安排看房时间。无法立即带看时，客户很有可能就会进入同行门店，从而大大增加了销售的难度。

二是钥匙盘方便操控。比如，可以制造多人看房的场景，即同时邀约几个客户在同一时间看房，制造房源大受欢迎的场面，说不定哪位客户一心急，就立马下订单了。

但这只是钥匙盘的优势所在，如果没有与客户的利益结合起来，就很难吸引客户。因此，要想争取独家委托，应该告诉客户它能给客户带来什么利益：

一是根据销售情况而言，通常有钥匙的房子会比较快售出，因为看房比较方便，不会浪费太多等待的时间。

二是如果业主不是住在房源附近，每次客户要看房都得让业主大老远赶一趟，而且业主并不是每次都有时间，很难安排预约看房。这样不仅麻烦，还会白白失去很多销售的机会。

此外，定期帮忙搞卫生、在网站或报纸上加大力度做广告等额外的利益，也可以用作说服客户的辅助工具。当然，千人千面，不排除会碰到有些固执己见的业主，无论房地产经纪人怎么说，他就是不愿意留下钥匙。此时，房地产经纪人也不用太过着急，可以在带客看房的过程中，通过一些例证或者类比，继续阐述留钥匙的好处。拿到房源钥匙后，经纪人应将公司有关房源钥匙的管理规定介绍给业主，比如在带客户看房之前，都会登记借出的时间、哪位房地产经纪人、归还的时间等，这样既有利于管理，对业主和房源也是一种保障。同时，为了方便管理，也为了保障房子内部设施的安全，经纪人还应该提醒客户最好不要在多家中介公司存放钥匙，如果其他公司需要，可以到我公司来借用。

正确应对示范

经纪人：“大姐，请问您这房子是空房吗？”

客　户：“是啊，是空房。怎么啦？

经纪人：“是这样的，大姐，既然是空房，我建议您把钥匙放一副在我们这边。这样可以方便看房。”

客　户：“那怎么可以，我家的钥匙怎么能随便给你们呢？”

经纪人：“大姐，您的担心我能理解，很多业主在刚一听到要放钥匙在我们这里时都有点担心，不过后来在听了我们的解释之后都同意将钥匙留在我们这边了。您看，我们这上面的钥匙箱里面就有几十把钥匙。其中有好几套都是刚装修的，还带全套家电家具呢。”

客　户：“那不行，我还是不放心。”

经纪人：“大姐，我们是正规公司，在北京有上百家门店呢。我们是不会破坏业主的房子的，更不会拿业主家的任何东西。否则，就不会有那么多业主愿意将钥匙放在我们这里了。而且，我们会给您开收据，收据上盖有公司的章。这样您就放心了。”

客　户：“你们拿钥匙干吗？有客户要看房你给我打电话就可以了。我一般都在家，我家就住在 ×× 小区。”

经纪人：“我想，大姐，您肯定也想让房子尽快卖出去吧？”

客　户：“那当然了，我们还等着用钱的。”

经纪人：“这就是了。虽然说，您经常都有空，但是您也知道，要想让房子尽快卖出去，就要多带客人看房。客人那么多，并不像单位上班那样有个固定的时间段来看房，有时晚上八九点还有人看房呢。如果每次客人要看房，您都要亲自跑一趟，那就太累了。而如果您没空，客人没看到房子肯定就不敢买。您看，你们小区 192 号 6 楼的那套，由于业主经常不在家，看房非常不方便，1 个多月了还没卖出去。如果您把钥匙放在我们这里，有客人需要我们就可以随时带客人上去看房，那样就方便多了，也不用动不动打扰您，等有客人有意向时，我们再打电话通知您，到时您只要过来签一下同意就行了。看的客人多了，房子也就卖得快了。”

客　户：“说得也是。那你们可得给我好好保管好钥匙，房子要照看好。”

经纪人：“大姐，您放心，我们钥匙都有专人保管的，每次看房要拿钥匙都要签字的。而且，您也知道，空房子没人住很容易脏的，有了钥匙，我们就会定期帮您打扫，这样房子干净了就更卖得上价了。”

客　户：“那好吧。你们开张收条吧。”

情景八
业主放盘时报价太高，导致看房客户很少，不好卖

错误应对示范

1. 业主愿意报多少就多少，那是他的权力。

点评：这是大实话。但是，作为中介，你帮业主代理卖房事宜的终极目的就是卖出房子获取佣金，如果任由业主报高价，你的目的达成也将会被无限期延后。所以，从这方面来说，业主报价并不只是业主的事情。

2. “您报价这么高，房子肯定不好卖的。”

点评：房子是业主的，经纪人至多充当一个参谋者的角色，你如此直白地否定业主的报价，只会让业主认为从一开始你就站在了他的对立面上，极有可能扭头转向其他中介。

3. 怂恿业主报个低价，以便快卖出房子。

点评：房子是业主的，报多少价格也是他的权力。怂恿业主报低价，有越俎代庖之嫌，如果业主听信了你的说辞报了低价并成交后，日后发现其实是卖亏了的时候，一定会找上门来大肆埋怨。而且，很多业主也会了解市场价，一旦你提出的报价太低时，业主会怀疑你心怀不轨，甚至是想吃差价。

情景解析

买的人总是想买便宜的，卖的人却希望卖得越贵越好，有些业主在放盘时，总是会报出一个缺少竞争力甚至是远远高于市场行情价的价格来，而且很反感经纪人一上来就说自己报价太高。但是，作为房地产经纪人，我们是有义务指导业主做出合适报价的。否则，如果任由业主报价过高，房子长时间无人问津，也会招致业主的不满或埋怨。

房地产经纪人对业主报价的指导一定要讲究方式方法，切忌威逼利诱。一般来说，二手房的价格主要受同片区同类房产成交价格的影响，也就是说每个片区都有个行情价或者市场价。房地产经纪人可以引述周围已售房产的价格或在售房产的报价，来帮客户拟定一个大概的报价范围。当然，不同楼层、朝向、户型结构、面积以及装修情况都会影响到价格。总体来说，高楼层的比低楼层的价格高，朝南比朝北价格高，朝东比朝西价格高，紧凑户型比大户型价格高（如 80 平方米左右的小两房、110 平方米左右的小三房通常较为畅销，价格也略高）。

在指导业主报价时，应向业主说明该区域的一个大体成交价格，此时，如果能有几个具体的案例来支持，你的分析会更容易被业主信服。在这个大框架之下，再对业主所提供房源的各项素质，比如户型、楼层、装修等进行分析，让业主清楚了解自己房子的情况，知道自己的房子在哪些方面有优势，哪些方面又是容易被客户挑剔，从而接受你所给出的较为合理的报价建议。当然，如果业主不接受你的调价建议，你也不要勉强，因为房子是业主的，我们中介是无权要求业主一定得报什么样的价格的。

正确应对示范

经纪人：“刘先生，您这套房子报价多少呢？”

客　户：“280 万元。”

经纪人：“哦，125 平米，总价 280 万元，单价差不多是 22 400 元了。”

客　户：“嗯，是的。”

经纪人：“刘先生，我个人认为这个价格可能有点偏高，缺少些竞争力。”

客　户：“怎么会呢？你们中介公司是不是想吃差价啊，想让我们报低价，你们好吃差价。”

经纪人：“刘先生，您别急，我能理解您的想法，我们其实也希望您卖高一点，这样我们的佣金也可以多收一些，您说是吧？不过，您也知道，现在的房价都很透明，不是由您或我能决定的，是由市场决定的。目前，这个小区的房子成交价多在 21 000 元以内，前几天你们小区 13 号楼 1101 号房的那套刚卖掉，成交单价为 20 800 元；而上个月和您同一栋的 703 号房，成交价只有 20 000 元。”

客　户：“那不一样，我的装修要比他们好太多了，还送全套家具呢。”

经纪人：“是的，刘先生，您这套房子的装修确实不错。一套房子能卖多少钱，除了装修外，还和楼层、朝向、户型结构有关系。您这套是二楼，楼层不占优势。”

客　户：“哦，不是二楼的话，23 000 元我想都能卖得出去。那你说说看，我这套房子报多少钱合适？”

经纪人：“刘先生，您看这样可以吗？我们先按每平方米 21 500 元报价。如果客户看满意了确实有意向了，我们再来谈具体的价格。”

客　户：“那也可以。”

情景九
什么？还要签《委托书》？我看不用那么麻烦吧

错误应对示范

1.“只有您签了卖房委托书，我们才会把客户带过去看房。”

点评：这种口吻明显地带有威胁成分和抵触情绪，很容易谈崩。

2.“先生/小姐，签订卖房委托书是为了防止您私下和买家进行交易。”

点评：业主不愿意签委托书的主要原因还是担心会受到不必要的束缚，而你的这种解释更加深了业主对签订卖房委托书的反感，更不可能“自己下套自己钻”了。

3. 告诉客户，公司规定不签买房委托书，就不能带去看房。

点评：客户不愿签买房委托书的主要原因就是担心自己会受到不必要的约束，而此时你又以“公司规定”为由，就更让客户觉得这是霸王条款，对签委托书就会更为抗拒。

4.“签个委托书对您来说并没有损失，为什么不签呢？”

点评：业主/客户不可能因为没有损失就会给你签个什么文件，你要想说服业主/客户，就必须让他知道这件事情能够给他带来什么好处。

5. 抱着侥幸心理，认为不签字也无所谓，相信只要自己看得紧，客户不会跳单。

点评：抱有这种侥幸心理的经纪人往往缺乏原则性，很容易置自己的权益于毫无保护的状态。这样做看似比较随和，有时却反倒使业主/客户和房地产经纪人双方的权益都失去保护，是非常不明智的做法。可以说，“夜路走多终遇鬼”，不一定什么时候，你就会在这个问题上栽得头破血流。

6. 随机应变，等客户看房之后再要求客户签委托书。万一客户真的不签，也就算了。

点评：这种“随机应变”还是缺乏原则性的表现，如果客户强硬不签，你还是会陷入麻烦。真正的“随机应变”应该是在不同的场合都能找到不同的、足以说服客户签委托书的理由。

情景解析

按照正常程序，在获取房源或客源信息后，应让客户签署委托书，以明确双方的委托关系，并明确服务范围、委托条件及佣金标准（一般来说佣金由买卖双方各自支付，但各个城市的情况不太一样，很多地方都采取实收的方式，即中介费全部由买方支付，卖方不支付中介费），以避免到时出现纠纷。

在实际工作中，经常会碰到有些客户并不愿意签订委托书。客户之所以不愿意签署委托书，一种情况是担心签订了委托书会给他们带来麻烦或者说对他们的利益有所损害。另一种情况就是不愿意承担责任，怕受到约束。此外，也不排除有些业主本身就有“跑单”的意念，一旦有合适的机会就会跳过中介直接和有购买意向的客户签约，省下一笔中介费。

事实上，业主不愿意签委托书，受最大影响的是房地产经纪人。

因为地产代理条例规定，没有业主书面委托，房地产经纪人不能刊登房源广告，目的是杜绝经纪人刊登假盘招揽客户。因此，为了自己及公司的利益，在登记房源、客源信息或者看房前要尽量说服客户签署委托书。

遇到客户不愿意签署委托书的情况，房地产经纪人应该向客户解释委托书的作用以及所能为他带来的保障：首先，告诉客户委托书其实是规范房地产经纪人服务的，委托书上会注明自己能接受的条件和要求，所有条款逐一书面落实，以后万一有什么问题，可以凭委托书来解决。当客户对此表示认可的时候，房地产经纪人则可以顺势把责任推到公司身上，说是公司要求的，把不签字的后果及责任揽到自己身上，表示自己会因为不遵守规范而受到惩罚。这样，如果客户还是不愿意签字，反而变成了客户不替房地产经纪人着想，这样会让客户感觉良心不安，那么签字也就顺理成章。此外，还要向客户阐述委托书对于销售的作用，如只要签了委托书就立即带客户看房、没有业主委托书不能刊登公告、没有书面文件在还价的时候客户会以为是经纪人在还价而不是业主在还价等。最后，再次强调签委托书对他而言并无坏处，增强业主的信心。

正确应对示范

（一）

经纪人：“孙小姐，这是一份《房产出售委托书》，请您签一下字。”

客　户：“不会吧，还要签什么委托书啊。”

经纪人：“孙小姐，您别误解。签订委托书其实更多的是保护您的利益，它是公司用来规范我们经纪人的服务的。它的作用有点像您在商场购物，购买商品后销售人员应该给您发票一样，万一有什么问题您可以凭发票更换，或者接受免费的售后服务等。”（解释委托书的意思）

客　户：“没关系，我相信你，你有客户就直接带过来好了。”

经纪人：“是这样的，为了保障广大消费者的权益，法律规定没有业主的委托书我们中介是不能刊登、发布房源广告的。这样一来，您的房子没有推广渠道，就很少有客户能看到，卖得慢不说，价钱也没办法提高。您可不希望这样对吧？”（表明委托书的作用）

客　户：“哦，是这样啊。”

经纪人：“是的，孙小姐。而且只有您签了委托书，我们才能带客户过去看房。现在客户的法律意识非常强，如果没有书面的文件，客户会认为我们在欺骗他呢。毕竟买房不是买件衣服，所有的条件都需要逐一书面落实的。这同时也是为了保障您的利益。”（对委托书的作用进行补充）

客　户：“那行，那就签吧。”

（二）

经纪人：“杨先生，这是一份《房产出售委托书》，请您签一下字。”

客　户：“不会吧，还要签什么委托书啊。”

经纪人：“杨先生，不要担心，这委托书只是明确我们是接受您委托，帮您寻找客户促成交易。”

客　户：“算了，我不想这么麻烦。”

经纪人：“杨先生，是这样的，按照规定，我们接受业主委托时都需要签署这份委托书。这样才能明确我们之间的委托关系，以保护我们的权益。您放心，这份委托书不会对您的利益有任何损害。您也知道，我们做中介的很辛苦，不管刮风下雨，不管严寒酷暑，都需要一个个地带客户去看房、洽谈；而有些客户可能不理解我们，会私底下与你们业主交易，这样我们的权益就没有保障。而且，您采取的是实收方式，不用您支付一分钱的中介费，所以对您是不会有任何影响的。您就帮帮忙，这样我们也更为放心，在推介您这套房子时也更有干劲了。”

客　户：“那好吧。我得先看看委托书的条款。”

（三）

经纪人：“李先生，既然您没有其他疑问了，那么请在委托书上面签个字。”

客　户：“什么委托书？”

经纪人：“这是一份委托我们公司代理买房的协议书，上面会注明您能接受的条件和要求，以及应该履行的义务。”

客　户：“这个就不用签了吧，我的要求你已经很清楚了，你帮我找到合适的房子，肯定会找你买啊，也不会少了你中介费。”

经纪人：“是这样的，委托书规范的是我们房地产经纪人的服务，它的作用就像您在商店购物，消费后销售人员给您的发票一样，万一有什么问题您可以凭发票更换，或者接受免费的售后服务。它保障的其实是您的利益，毕竟买房是件大事，有书面文件保证才会有理有据。”（向客户解释委托书对他的好处）

客　户：“哦，那我不签，也不会有什么问题啊。”

经纪人：“您有所不知，签订委托书是公司严格规定必须执行的，要是我们没有让客户签订委托书，公司肯定会认为我不专业，做事不规范。其实您签和不签对您都没有损失，就算是帮我个忙，成吗？”（用公司规定来要求客户，让客户没办法再推托）

客　户：“那好吧。”

FANG DI CHAN
JING JI REN
ZHE YANG SHUO
ZHE YANG ZUO

第二章

接待客户情景演练

情景一
接听销售电话时，不知该如何掌握接听时机

错误应对示范

1. 电话铃声一响马上就接听。

点评：电话铃声一响马上就接听，客户会认为你太闲了或太在意生意了，他们会小心设防的。

2. 电话响了超过三声后才接听。

点评：电话铃声响起超过三次，甚至更多，比如达到七八次以后，你才去接听，客户又会有不被尊重的感觉，认为你不在意这桩生意或精神状态不佳。

情景解析

应该说，接听销售电话的时间也是一种心理战术。

有些房地产经纪人认为，电话铃声一响就应该立即接听，只有这样才能显示出你对客户的尊重。事实上，这种做法是错误的。最适当、最完美的接听销售电话时机，应该是在电话铃声响到第三次的时候。为什么呢？

首先，如果你在电话铃响起第一声时就接起来，客户会认为你太闲

了或太在意生意了，他们会小心设防的。此外，有些客户在拨出电话号码后，可能还没准备好要和你说些什么，如果你接听得太快，客户会来不及反应。

其次，就房地产经纪人自身而言，当电话铃声突然响起时，可能会打断你正在做的事情，或者你正在进行中的思绪，你必须用一点点时间来调整情绪，打起精神。说起来，这只不过是个简单的小计谋，就是用两声电话铃，用几秒钟的时间，让你可以从容地暂停你手边所做的事情，停止你杂乱的思绪，调整你的心情，以快乐、以热忱来接待这个潜在客户。

最后，让客户拿着电话筒等待短暂的几秒钟，会给你制造业务繁忙兴旺的印象，暗示并刺激他们的购买欲望；但是，这种让客户等待的时间一定要把握好度，绝不能让他们等候的时间太长，一旦超过了限度，就会出现恰得其反的效果，客户可能会因此变得不耐烦或失去了热度，从而意味着你将失去销售机会。因为，如果电话铃声响起超过三次，甚至更多，比如达到七八次以后，你才去接听，客户又会有不被尊重的感觉，认为你不在意这桩生意或精神状态不佳。这就是为什么接听电话不让铃声超过三次的重要原因。

需要注意的是，一般情况下公司的电话都会不止一部或不止一线，而房地产经纪人毕竟是有限的几人，并且还要接待现场的客户，在特殊情况下有可能在超过三声后才能接电话，这时要对客户表示歉意，请求对方谅解，如：“不好意思，让你久等了。”

正确应对示范

（一）

（在电话铃声响到第三次的时候接听）

经纪人：“您好，×× 房产公司。请问有什么可以帮到您？”

客　户：“请问你们那边有曾厝垵附近的房源吗？”

经纪人：“……”

（二）

（在电话铃声响起三次后才接听）

经纪人：“您好，×× 房产公司。不好意思，让您久等了，请问有什么可以帮到您的？”

客　户：“我看报纸上的广告，你们那里有套湖明丽景的三房两厅房源，是吧？”

经纪人：“……”

情景二
接听电话时，客户不知道为什么突然不高兴了

错误应对示范

1. 接听时没有注意电话礼仪，语气、用词等太过随意。

点评：电话沟通不比面对面的沟通，双方的语气、用词等都会在很大程度上影响着听者对你所说话语的理解，所以更需要重视电话礼仪。

2. 接听时没有注意姿势，像与朋友通电话那样随便。

点评：客户虽然看不到你懈怠的姿势，但是你讲电话的声音、语调等，却将你的懈怠毫无保留地传达给了客户。所以，请像面对面沟通时一样注意你的姿势，任何的侥幸都可能误了大事。

3. 客户打电话来找同事，随便应付了事。

点评：不要因为不是你的客户，你就觉得无所谓，你仍然要礼貌转接，以展示门店及自身的良好形象。而且，如果你这么对待同事，同事也有可能这么对待你。

4. 在客户之前先挂断电话或挂断电话后不自觉地说脏话。

点评：结束通话的细节如果没有做好，等于是前功尽弃，之前与客户沟通得再好，都可能因为这一点小小的疏忽而变得无济于事。

情景解析

俗话说，“电话一响，黄金万两”，虽说电话已被广为普及，但是它对于房地产经纪人而言，依然有着生命线一样的意义。

客户之所以选择用打电话这种方式来与陌生的房地产经纪人沟通，一般会有两个方面的考虑：一是客户可能是通过广告等渠道看到了此房源信息并产生了一定的兴趣，想通过电话做进一步的了解，看是否真正符合自己的预期，如果感觉合适才会上门洽谈；二是客户并不在其有购买意向的房源附近，想通过电话先对房源的具体情况作出了解，否则，客户急匆匆地大老远甚至从外地直接赶过来，很有可能只是白费工夫。

接听电话看似事小，却是“未见其人，先闻其声”时跟客户的第一次接触，作为房地产经纪人，要想给这些素未谋面的客户做好第一次服务并给他们留下好的印象，就不能小觑了电话礼仪。

1. 问好并自报家门

作为一名职业房地产经纪人，在你入职当初一定会有一些专门的培训，这其中就包括接通客户电话时，一定要用“您好，× × 房产公司，请问有什么需要帮忙的”来开场。但是，在实际应用中，有些人却更喜欢用“见人下菜碟”的方式接听电话，通过来电者的语气、语调等判断出与他通话的对方身份，对待自己朋友的来电，语气就随意，而如果感到是客户来电又会马上毕恭毕敬甚至谦卑有加。若能转换自如、一切尽在掌握之中也就罢了，但万一马失前蹄，把客户的电话误记成了朋友的电话，随口一个口头禅，那就尴尬了，即便没有说什么不合适的话，如果让客户明显地听到你声音发生转变，他心里也很容易产生反感，从而认为接听电话的人个人素养不好甚至没有教养。

其实，作为一名专业的房地产经纪人，完全没有必要让自己这么累，自始至终、对任何人都使用亲切平和的语气，不仅不会让你有任何的损失，反而更容易塑造你的职业形象，给所有与你有交集的人都留下好的印象。

2. 文明用语

礼貌是人们之间在频繁的交往中彼此表示尊重与友好的行为规范。礼貌用语则是尊重他人的具体表现，是友好关系的敲门砖。在接听销售电话时，礼貌用语十分重要，它不仅可以表示对客户的尊重，而且有利于双方气氛融洽。

- 多使用文明用语，如："您好"，"谢谢"，"很抱歉，让您久等了"等等。
- 学会善用"请"这个字，如"请问……"等。很多时候，只需要一个简简单单的"请"字，就能够让处在电话另一端的客户有了受尊敬的感觉，从而增加对你的好感。
- 如果对方语音太小，你可以直接说"对不起，请您声音大一点好吗？我听不太清楚您的讲话"，绝不能大声喊"喂喂，大声点"；必须搞清楚，要大声的是对方，而不是你。而且，作为房地产经纪人，只有客户可以对你大声说话，你绝对不能大声对客户说话。

3. 态度文明

文明的态度有益无害。电话虽然是"只闻其声不见其人"，但客户同样可以通过你的声音感受到你的态度。

- 通话时，不要拿腔拿调，态度要和蔼，声调应适中，语气要柔和、沉稳，语音要亲切。
- 避免口头禅，不允许对着话筒打哈欠、咳嗽、肆无忌惮地大笑，更不能用不耐烦的口气对待打电话的客户。
- 时刻保持热忱，让声音传递着快乐。如果你接电话所用的语调有点病态或散漫，那么客户对你就会失去兴趣，并在无形中产生一种抵触情绪。

- 调整你的面部表情，最好能够时刻保持微笑。虽然在电话中客户看不见你的表情，但他们一直注意着你的声音，包括语调和心情。你需要把你全部的注意力投入到电话中，千万不可以因为对方看不见就懈怠，甚至不屑一顾。要知道，人是有感应的，别让你的声音出卖了你的态度。
- 如果在接电话时，有同事或者现场的客户向你搭话，可做手势让他稍等，挂断电话后再与其交谈，绝对不允许在接听客户电话的时候，与其他人搭话；如万不得已，应向对方说明后用手捂住电话，以免引起误会。

4. 举止文明

在通话过程中虽然不直接见面，但也应该注意举止文明。要知道，沟通过程中表现出来的礼貌最能体现一个人的基本素养。

- 接电话时要轻拿、轻放，把电话机移到自己身边时，不要伸手猛地扯过来。
- 接听电话时，不要把话筒夹在脖子下，也不要趴着、仰着、坐在桌角上，更不要把双腿高架在桌子上。
- 接听电话时，话筒和嘴的最佳距离保持3厘米左右；通话时的嗓门不要过高，免得令对方深感“震耳欲聋”；挂电话时应轻放话筒；不要骂骂咧咧，更不要采用粗暴的举动拿电话机撒气。
- 接听电话时最好不要与旁边人打招呼、说话、吃东西或小声议论其他问题，如果在听电话的过程中非要处理某些事情，一定要向对方打个招呼，并说声对不起。
- 保持端正的姿势。接听电话过程中应该始终保持正确的姿势。在一般情况下，人的身体稍微下沉、丹田受到压迫容易导致丹田的声音无法发出；大部分人讲话所使用的是胸腔，这样容易口干舌燥，如果运用丹田的声音，不但可以使声音具有磁性，而且不会伤害喉咙。

因此，保持端坐的姿势，尤其不要趴在桌面边缘，这样可以使声音自然、流畅和动听。

5. 礼貌转接

销售电话不是你的私人电话，转接电话的情况是非常常见的。不要因为不是你的客户，你就觉得无所谓，你仍然要礼貌转接。

- 如果客户找人，而他/她今天不值班，应询问客户是否有事需要转达："对不起，他/她现在不在，请问有什么事需要转告吗？"并将客户的留言及时记录下来，以免忘记。
- 如果客户要找的人不方便接听电话，应向客户表示歉意："对不起，他/她现在有事无法接听电话，我让他/她等会给您回电话，好吗？"
- 如果客户要找的人正好不在电话边上，应请客户稍等，并说出让他等候的理由，以免客户因等候而焦急，然后再去叫被找人员。
- 叫同事接听电话时，应该轻轻地把话筒扣在桌面，不允许大声地喊叫被找人的名字（大声地喊叫既不尊重客户，也会干扰其他同事的工作），应该走到被找人身边小声地告知。被叫的人接起电话时，必须向对方道歉："对不起，让您久等了。"
- 如果被叫的人因有事无法马上前来接听电话，需要对方等待时间较长，应向客户说明清楚，并请他先挂掉电话待事情处理完后再回电话过去。

6. 积极回应

在通话过程中，要仔细倾听客户的讲话，尽量避免打断对方的说话。为了使对方知道自己一直在倾听或表示理解与同意，应不时地轻声说些"嗯"、"是"、"好"之类的话语。

如果电话忽然中断，要立即回拨，向客户道歉并说明引起通话中断的原因，而不要等客户再次打来电话，你才表示歉意。

7. 不要同时接听两个电话

同时接听两个电话，很容易给自己造成混乱，最终的结果往往是使两边都无法进行顺畅的沟通。因此，遇到这种情况时，一定要分清轻重缓急，确保每个电话都能得到恰如其分的处置。通过正确地接听电话给客户留下了好的印象之后，经纪人一定不要忘记了接听客户电话的本质目的，那就是初步定位客户的需求，唤起客户的兴趣，及时邀约客户上门洽谈。这就要求经纪人要针对不同客户有不同的应对技巧，要对客户打电话的目的有个大致的判断：若是要确认房源具体情况的，经纪人就应该简明扼要地向客户阐述相关信息，并尽可能地引导客户说出自己的实际需求，这样才能找到契合的推介点，让客户产生兴趣前来面谈；若是客户不在房源区域之内，则应热情地多推荐一两套可以满足客户要求的房源，并安排统一的时间进行看房，这样客户就会对你心存感激，拉近了双方的心理距离，面谈时才能更加顺畅。

8. 道谢收场

最后的道谢也是基本的礼仪。来者是客，以客为尊，千万不要因为电话客户不直接面对而认为可以不用搭理他们。实际上，客户是我们的衣食父母，我们的业绩与客户的来往密切相关。因此，对客户应该心存感激，向他们道谢和祝福，以期给对方留下良好的印象，比如："感谢您用这么长时间听我介绍，希望能给你带来满意，谢谢，再见。"

注意

在打电话和接电话过程中都应该牢记让客户先收线。因为一旦先挂上电话，对方一定会听到"喀嗒"的声音，这会让客户感到很不舒服。因此，在通话即将结束时，应该礼貌地请客户先收线，这时整个通话才算圆满结束。

正确应对示范

1. 接起电话时

——“××房产，您好！”

2. 询问客户姓名时

——“请问先生/小姐您怎么称呼？”

3. 客户打电话找人时

——“不好意思，××先生/小姐走开了，我有什么可以帮到您？”

——“不好意思，××先生/小姐不在。有什么需要我转告的吗？”

——“请稍等！我帮您把电话转给他/她！”

——“我明白了！我会帮你转达给他/她！”

——“好的，请稍等一下，他/她马上来。”

4. 电话中断回拨时

——“对不起，刚刚电话不知道怎么断了。您刚才是问我们公司具体在哪个位置，是吗？”

5. 准备结束通话时

——“好的，再见！”

情景三
客户打电话来询问房源情况，不知如何回答

错误应对示范

1. 客户问什么答什么，缺乏主动性，没有掌握对话主导权。

点评：电话沟通时，一定要保证信息是双向的。也就是说，客户会从房地产经纪人那边取得自己想要的信息，而房地产经纪人也要想方设法了解到更多的客户方面的情报。作为房地产经纪人，一定要积极主动，不能把双向的沟通变成了单向的“答客问”。

2. 把房源所有情况都详细向客户说明。

点评：电话沟通阶段就“知无不言，言无不尽”的话，房源对客户而言就失去了悬念，如果客户已经觉得没必要面谈没必要看房的话，你将很难再找到理由约客户上门。

3. 没有及时邀约客户前来公司进一步面谈。

点评：电话沟通不可能实现最终的交易，房地产经纪人认真接听每一通客户来电的根本目的就是要吸引客户前来面谈，如果对客户的邀约没有实现的话，这通电话就失去了它本来的意义。

情景解析

客户打电话询问房源情况，一般可以分为两种情形：一种是已经通过报纸等媒体广告对某一房源有了初步的了解，想通过电话进一步确认该房源的有关情况；一种是有意购置某区域内的房源，但尚无具体的目标，想通过电话来进行资讯。无论属于哪种情形，客户打电话来，主动方就是客户，房地产经纪人容易被客户牵着鼻子走，成了“答客问”的主体。但是，房地产经纪人一定要扭转这种局势，要变被动为主动，引导客户向着有利于自己推介的方向前进。

“兵来将挡，水来土掩。”针对第一种情形：客户看了你所刊登的房源广告，而给你打来电话咨询，通常表示他对这套房源有了初步意向，想通过电话了解一些具体情况。此时，房地产经纪人应给予针对性的答复，尽量吸引客户前来洽谈或实地看房。这就要求房地产经纪人对自己所刊登的所有房源都能了如指掌，对房源的优势或者卖点能信手拈来，最好能事先设计一些场景，准备好自己的应对语。

一般而言，此类客户的问询通常会涉及地段、价格、户型等方面，你在回答客户的问题时，应当充分运用一些技巧，变被动回答为主动提问，从而发掘出客户的真实需求，才能把自己房源的卖点与客户的关注点结合起来。要知道，通过电话是不可能实现最终的销售的，房地产经纪人接听客户的问询电话，目的是要激发客户的兴趣，吸引他们前来面谈或者实地看房。毫无重点、事无巨细地将房源的优势一股脑地倒给客户，容易造成听觉疲劳，也使你的房源毫无悬念可言，是非常不可取的推介方式；而一问三不知或者文不对题地敷衍客户，也会给你的销售造成不可逆的影响。

完成了初步的电话沟通后，房地产经纪人一定要趁热打铁，及时地向客户发出面谈的邀约，只有客户接受了你的邀请，你的这次电话沟通才算是成功的。

针对第二种情况：客户尚无有意向的具体房源，只是来电话咨询是否有其所需要的房源。房地产经纪人应通过巧妙的探询，了解客户的资料和购买需求，并迅速与自己手中的房源库做出匹配。针对此类客户，房地产经纪人可以设计一些房源丰富的场景，吸引客户前来实地洽谈。同样，电话沟通只是初步的，成功邀约客户前来面谈，只能说是万里长征迈出了可喜的一小步。

电话回答客户问题的要领

- ✧ 不要一味回答客户的问题，避免被客户牵着走，而要学会引导客户。最佳的方法就是当客户提出问题时，不要急于回答，而要婉转地发问，然后等其回答完你所提出的问题后，再回答他的问题，但要把握分寸，不要咄咄逼人。
- ✧ 不要过分夸大地赞扬自己的房源，宣介时要不愠不火。
- ✧ 不要在电话中将房源的所有情况都一一介绍给客户，关于房源情况应适当保留一点，这样对他才更具有吸引力。想要进一步了解吗？请到现场来。如果让客户在电话中了解了所有情况，那么就很难引起客户的兴趣，更不要指望能约出来面谈了。
- ✧ 在电话接听中，可适当留下伏笔（如不回答问题，说去询问经理或业主后再给他回应，以便日后追踪）。这样日后就有借口再打跟踪电话给他。
- ✧ 回答客户问题时，要深入浅出，把专业性的东西转化为通俗易懂的话，不能为了显摆说一些他们不懂的专业术语。一切回答是为了让客户明白，留下深刻印象。
- ✧ 回答客户的问题切忌长篇大论，也不要含糊不清。尽量揣摩客户想要了解什么，再简明扼要地进行解释说明。
- ✧ 如果客户对房源的一些条件不满意，不要轻易放弃，而应通过补充性说明来引起客户兴趣，比如客户觉得地段太偏僻，你可以通过“交通便利”、“高校区”、“升值潜力大”这些隐含的优势条件去吸引客户的关注。

✧ 在电话中尽量不要回答客户价格问题，在非答不可的情况下，应尽量减少客户对于价格的抗拒心理，比如对单价高的小户型，尽量报总价而不报单价；对于单价低的大户型，则应报单价而不是总价。

正确应对示范

（一）

（客户看了房源广告后来电咨询房源情况）

经纪人：“××房产公司，您好！请问有什么可以帮到您？”

客　户：“您好，我在报纸上看到你们有一套××小区的房子在卖，是吗？”

经纪人：“是的。我姓陈，您就叫我小陈好了。请问先生贵姓？”

客　户：“我姓王，请问那套房子几成新，什么时候建的？”

经纪人：“王先生，那套房子是1995年的时候建的，由于都是房主自己住，保养得比较好，现在7成新吧。”

客　户：“有带家电吗？”

经纪人：“您放心，房主前段时间重新装修了一次，家电齐全，拎包就可以入住。如果您有兴趣，我带您去看看吧。”

客　户：“那也可以。”

（二）

（客户尚未有意向房源）

经纪人：“××房产公司，您好，请问有什么可以帮到您？”

客　户：“您好，请问你们那有软件园附近的房源吗？”

经纪人：“有的。我姓陈，您就叫我小陈好了。请问先生贵姓？”

客　户：“免贵姓王。”

经纪人：“王先生，您好，请问您是想租还是想买呢？”

客　户：“我想买一套两房一厅，面积大概90平方米的房子。”

经纪人：“您对楼层有什么要求吗？”

客　户：“最好是低楼层，我要给老人家住的。”

经纪人：“那价格方面有什么要求吗？”

客　户：“现在也没什么具体要求，我先看看房子是否合适。”

经纪人：“好的，王先生，我立刻为您查一下，等会儿给您电话。请问您的电话是？”

客　户：“139××××××××”

经纪人：“好的，我记下了，5分钟后我给您电话。”

情景四
业主打电话来报房源 / 询问情况，不知如何回答

错误应对示范

1. “您给我具体介绍一下房子情况，我登记一下。”

点评：房地产经纪人才是专业人士，所以当业主主动打电话前来报房源时，你更应该积极主动地问询，引导客户报出房源的各项信息。笼统地让客户报情况的做法，只会让业主觉得冷淡，可能因为失望而将这个赚钱的机会给了其他经纪人。

2. “哎呀，你们的报价太高了，真的很不好卖。”

点评：房地产经纪人说话要时刻注意话术的运用，即使客户的报价确实高了些，你的这种回答也只会让客户觉得你是站在他的对立面上，是在压价，根本就没想帮他卖个好价钱。

3. “我们已经带了很多客户去看过房子，但是你那房子条件确实一般，除非价格再低点，否则很难卖。”

点评：有谁愿意别人直截了当地说自己的东西不好？！尤其是房地产经纪人，你的这种直白的评价足以抹杀你带客看房的所有辛劳，更有甚者，客户会觉得，既然你嫌难卖，那我找别人好了。

情景解析

好的房源是房地产经纪人的生命线，面对越来越挑剔的客户，只有锁定了更多的优质房源，你才更有竞争力和话语权，否则，纵使你巧舌如簧，终究也是“巧妇难为无米之炊”。因此，如何获得更多业主的信任，将自己的房产放心地委托给你，就成了每一个渴望成功的经纪人的必修课。

业主打电话给经纪人，不外乎两种情况：一是要委托，让中介帮忙出售或出租房源；二是询问已委托房源的进展情况。

针对第一种情况，这可是送上门来的好买卖。二手房市场一直高温不下，一些好的房源甚至是被秒杀掉的，即便不是，只要业主有出手房产的意向表述，触觉灵敏的经纪人们必然会蜂拥而至。而业主竟然主动打电话给你！这简直如同非得把一大沓钱塞到你口袋一样。经纪人万不能错失了这天降的良机，将这么好的赚钱机会拱手让与他人。对待业主，一定要积极主动、热情周到，业主如沐春风了，才更愿意配合你的各项工作，才能加速整个销售过程，作为房地产经纪人的你也才能尽快地拿到属于你的那份佣金。房地产经纪人应详细登记业主所报房源的各项情况，包括小区名称、房源门牌号、户型、格局、建筑面积、所在楼层、装修、朝向、建成年代等，并及时约定好实地看房的时间，明确表示只有对房源有了实际的了解，才能对业主的报价做出理性的评价，在向客户推介的时候也才能做到心中有数、有所侧重，以确保能将业主的房源尽快地、以一个业主相对满意的价格安全地出售。

针对第二种情况，房地产经纪人的如实反馈以及专业的分析都是必不可少的。业主委托中介公司出售房产，终极目标不外乎四点：一是越省事越好，二是价格越高越好，三是用时越短越好，四是交易越安全越好。经纪人之于业主，不光是带客看房那么简单，你还应该帮业主出谋划策，以便业主达成其终极目的。比如说，业主委托之时所报价格过高，而经过一段时间的客户情况反馈，若业主对报价不做调整，则很难在短时间内售出，经纪人应当结合房源的实际缺点以及周边类似房源的报价以及成交价等，引导业主做出更为合理的报价。

正确应对示范

（一）

（业主报房源）

经纪人：“×× 房产公司，您好！请问有什么可以帮到您？”

房　东：“我在 ×× 小区的一套房子要卖。”

经纪人：“请稍等，我帮您登记一下。我姓陈，您就叫我小陈好了。请问先生贵姓？”

房　东：“我姓王。”

经纪人：“王先生，请问您的房子在哪里？……小区……号……室，……房……厅……卫……阳台，建筑面积……，所在楼层……共……层，一梯几户，装修……，朝向……建成年代……”

房　东：“……”

经纪人：“王先生，谢谢您的支持。您看什么时候方便，我去实地看一下房子？”

（二）

（业主询问委托情况）

经纪人：“您好，×× 房产，请问有什么可以帮到您？”

房　东：“是小陈吧？我是 ×××，请问我委托你们出售的房子到现在怎么还没消息？”

经纪人：“张先生，您好！您出差回来了？我给您查一下看过您房子的客户记录单吧。是这样的，上周我们总共带了 5 批客户看过您的房子，他们的普遍意见是价格太高，这点我也和您太太反映过。”

房　东：“这个价格还高啊？人家 ×× 小区都卖到 ×××× 元了。”

经纪人：“是的。但是，地段不同，价格肯定也是不同的。您周边的 ×× 小区不也才卖 ×××× 元吗？”

房　东：“那您觉得多少钱比较合适？”

经纪人：“我当然也想帮您把房子卖个好价钱了，这样我们的佣金也可以多拿一点，你说对吗？但是，价格应该符合市场行情，否则客户就会觉得太贵不划算。您觉得呢？”

房　东：“那好吧，我们商量一下，然后给你回复。”

经纪人：“好的，我也会再好好帮您推介推介这套房子。”

情景五
在电话中不知如何邀约客户前来面谈

错误应对示范

1.“有什么需要了解的，到我们店里详谈吧！”

点评：如果一上来就这样应对客户的话，一定会把客户吓跑。客户之所以会先打电话，就是想先了解了解情况，你尚未让客户了解到他感兴趣的信息就贸然邀请，只会被拒绝。

2.“哎，电话里也说不清楚，您来我店里，我再给您介绍吧。”

点评：面对面的沟通确实更容易将事情讲清楚，但客户一问情况你就这样回答的话，就不是在设置悬念吸引客户前来面谈了，而是让客户误认为房源或者什么方面有猫腻了。

3.“这样吧，您看看什么时候有空到我们店里来，我们详细向您介绍。”

点评：邀约客户一定不能用这种概数性质的提问，而一定要具体到哪一天的上午或者下午几点钟，这样才能让客户看到你的诚意，才会在约定的时间来面谈。

情景解析

买房置业对一个人、一个家庭，甚至相关联的几个家庭而言都是个大事件，再加上房产这种商品的特殊性，你不可能像买件衣服那样，今天看着喜欢就随便买来，过几天不喜欢了就拿去压箱底。电话沟通只是经纪人与客户建立初步联系的一个手段，客户不可能不用实地看房而仅凭你的推介就草率地做出购买的决定，妄想着在电话里就搞定一单交易无异于痴人说梦。那么，为什么又一直要强调电话沟通的重要性呢？因为通过接听客户的电话，经纪人在与客户的问答之间可以对客户的性格、需求等有个大致的掌握，这样你才能在自己的电话推介中设计一些悬念，吸引客户前来洽谈或者实地看房。只有成功邀约客户面谈了，接听电话的目的才算最终达成，这一环节也才算成功。

那么，怎样的邀约才更容易被客户接受呢？

首先，我们来看一下邀约提出的时机。

如果客户已经对某一房源有较为明确的意向，那么他总会试图在电话里向你打听更多更详尽的房源信息。但是，作为房地产经纪人，千万不要在这个时候就对客户的所有问题知无不言、言无不尽，最多只回答客户提出的4~5个问题。而当客户有想进一步了解的表示时，经纪人就该发出当面详谈的邀约了。

如果客户尚无明确的意向，而经纪人又通过对客户需求的初步判断，匹配出几套房源可以向客户推介时，客户肯定会急于了解这些房源的信息。这个时候，经纪人在透露一些较有吸引力的信息后，就应该邀请客户前来详谈了。有一点需要提请注意，那就是在电话沟通这个阶段，“犹抱琵琶半遮面”的含蓄往往比“一竿子捅到底”的利落更容易引发客户的兴趣，而兴趣是一位很好的引路人，它会帮你把客户带到你的门店里来。

接着，我们再来看一下邀约提出的方式。

经纪人的邀约一定不能含糊其辞。作为一名专业的经纪人，与客户沟通时，最好将自己的提问方式从开放式改为选择式，因为开放式问题的答案会有更多种可能性，不容易得到具体的答复。像“您看什么时候”等说法最好要避免，取而代之的应该是“您今天下午有空吗？”不要惧怕客户会说“下午已经有别的安排了”，只要你已经激发出了客户的兴趣，他一定会空出时间前来面谈的。这样才能更快、更有效地完成对客户的邀约。

邀约客户上门，一定要将自己门店的详细地址告知客户，最好能询问客户的出行方式，替客户规划好交通路线，以方便客户更容易地找到位置。

最后，当你的邀约得到了客户肯定、即将解释此次电话沟通时，请你再次报上自己的电话号码，并表示愿意随时接受客户的资讯，自己更会在约好的时间专程等候客户的大驾光临。

通话结束时，必须等客户先挂机，这是经纪人必须养成的一个好习惯，否则会被客户误认为你是一个莽撞不可靠的人，从而容易对你产生不信任。

正确应对示范

（一）

（客户有意向房源）

经纪人：“您好！”

客　户：“小范吗？我在报纸上看到你们那里有一套湖明丽景二期的两房，是吗？”

经纪人：“是的。请问您贵姓？”

客　户：“我姓郭。”

经纪人：“郭先生，您好！这套房子格局非常不错，房间和客厅都很大，还带两个阳台。”

客　户：“哦。它能读外国语附属小学吗？”

经纪人：“可以的，郭先生。请问您小孩现在几岁？”

客　户：“6岁，下半年就准备上一年级了。”

经纪人：“嗯，郭先生，那这套房子真的很适合您。您也知道，现在的家长都想让孩子上个好学校，所以这片区的房子非常抢手。”

客　户：“哦，价格能不能再少点呢？”

经纪人：“郭先生，在这片区，这套房子的价格已经算是比较实惠了。我想，您还是先看看房子，关键是您要喜欢，您说是吧？您看是上午看房方便还是下午呢？”

客　户：“也是。那什么时候可以看房呢？”

经纪人：“郭先生，这套房子的业主就住在房子里，是个阿姨，平时一般都在家。您看您什么时候方便看房呢？”

客　户：“要不然下午3点吧。”

经纪人：“好的。郭先生，那我下午3点准时在公司等您。我们公司就在吕岭路36号，也就是外国语附属小学的正对面。这个是我的电话号码，您过来时可以给我先打个电话。”

客　户：“好的。”

（二）

（客户没有意向房源）

经纪人：“您好，××房产小王为您服务！”

客　户：“请问你们那边有湖明丽景三房的房源吗？”

经纪人：“有的。先生，请问您贵姓？”

客　户：“我姓郭。”

经纪人：“郭先生，您好！请问您是想要买套两房的，是吗？”

客　户：“是的。”

经纪人：“请问郭先生您对房子有什么要求吗？”

客　户：“面积不要太大，120 平方米左右就可以了。”

经纪人：“那楼层呢？”

客　户：“底层和顶层不要，别的都可以吧，主要看房子情况怎么样。”

经纪人：“好的，郭先生。您看这样好吗，我现在就帮您查询一下，看看哪套最适合您。那您什么时候看房方便呢？”

客　户：“下午 3 点后吧。”

经纪人：“好的。郭先生，那我先帮您查找一下房源，然后再给您电话。请问您的电话号码是？”

客　户：“就打我这个手机吧。”

经纪人：“好的。郭先生，那我过半个小时给您打电话，可以吧？”

客　户：“可以。”

情景六
客户带了不少人一同前来，无法周全接待

错误应对示范

1. 只专注接待目标客户一人，让随行人自便。

点评：有重点地对待同时来访的客户是必需的，但也不能只专注于一人而忽视了其他人。要知道，很多时候，即使是一个陌生人的一句不经意的评价也有可能改变一个人的看法，更何况同行的人，关系一定不一般。

2. 尽力招呼每一个人，却没办法好好与客户深入地交谈。

点评：面面俱到的初衷是好的，但是一个人的能力毕竟有限，如果影响了与目标客户的正常沟通就有点得不偿失了。

情景解析

房地产经纪人要面对的客户形形色色，自然也经常会遇到“一对多”的状况。所谓“一对多”，其实就是客户并非以个人而是以组群的形式出现。很多房地产经纪人能对“一对一”的推介驾轻就熟，却怵于应对这“一对多”的场面，客户携家带口的一大堆人一起前来洽谈看房时，一看这

阵势，就开始心虚了。

其实，“一对多”并不像你想象中的那样可怕。目标客户带了不少人一同前来，说明他对你推介的房源还是非常满意的，只要同行的人没有太大的异议，这笔交易几乎是板上钉钉的事情。而经纪人要想真正 hold 住场面、让交易得以最终达成，就必须对这个客户组群中每个人所扮演的角色有个明确的判断，要搞清楚谁是掏钱人，谁是使用人。通常来说，使用人是最有发言权的，当然掏钱人也是不可小视，毕竟掌握了经济命脉的人说话还是有一定分量的。为此，你需要先搞清楚他们购房的目的，以及受益人是谁。

在一般情况下，家中的顶梁柱通常是“幕后家长”（可不一定是真正的家长哦），他们是最有决策权的。当然，在某些时候，老人、孩子也是有决策权的，这就需要根据他们的购房目的判断了：是为了儿女，还是为了父母亲养老？这个日后房子的真正受益者就是那个“幕后家长”，他就是最有发言权的人。

也有些一大家子一起来看房的客户，其购房目的是为了“几代同堂”或建立一个“三口之家”。这时，如果你发现里面有一个拥有绝对权威的人物，那么这个人就是决策人物，他的意见是举足轻重的；此外，你也不能忽视其他家庭成员的意见，虽然他们的意见不是决定性的，但他们会影响决策人物的意见。在这种情形下，你最好能够全面考虑整个家庭所有成员的意见，并着重进攻“决策人物”。

此外，在客户一家人意见不够统一的情况下，经纪人最好能为自己找一个“同盟”，改变自己势单力薄的不利局面。即先博得一方的好感，然后利用这个人去说服尚处于犹豫中的其他人。不难发现，“一对多”有时候反倒比“一对一”更容易促成交易，因为只要你站对了方阵，你就不再是一个人在战斗了。

正确应对示范

热情招呼所有人入座，准备茶水和点心，为其他同行人提供一些公司宣传资料或者杂志。然后单独与客户开始交谈，期间可以时不时招呼下其他人，留心注意周围人的情况，及时为他们添加茶水、询问是否需要其他服务等。如果公司内还有其他闲暇的同事在场，也可请其他同事代为招待随行人员，为他们看茶倒水，与他们寒暄几句。

情景七
高峰时期，房地产经纪人需要同时接待多位客户

错误应对示范

1. 先放下眼前的客户，马上去招待新客户。

点评：新来的客户没问题了，可是放下眼前的客户，会让该客户感觉自己受到忽视，从而产生不满。

2. 专心接待眼前的客户，让新来的客户自己先看看或等待。

点评：可能你觉得“先来后到”是个理，但客户可不这么认为，一旦受到冷落，他就会心生不快，甚至转身就走。

3. 一会儿招呼这位客户，一会儿招呼另外一位客户。

点评：做法是没错，几个客户都要兼顾，问题是如何妥善安排好每一位客户，需要房地产经纪人根据情形应变。

情景解析

实务中，房地产经纪人经常会遇到需要同时接待多位客户的情形。对于这种情形，安顿客户是最为重要的一环。安顿客户的目的，是尽量

不让客户受冷遇。每一位来的客户，都希望自己得到应有的重视。如果房地产经纪人在接待的时候顾此失彼，就有可能会得罪了其中的某位客户。

应该说，同时接待多位客户是非常考验房地产经纪人的协调能力和临场应变能力的。通常情况下，应对该情形的最好方式就是“接一顾二招呼三”，即手中接待先来者，目光照顾次来者，嘴里招呼后来者，让客户时刻感觉自己的服务和热情，使客户皆能满意服务，赢得客户赞誉，争取最大的销售机会。在“接一顾二招呼三”的时候，要注意言语措施，不能让他们感觉到自己成了碍事的人，否则他很可能会扬长而去。比如，如果你正在接待第一位客户，看到新的客户进来就说：“您好，先生，请稍等，我马上就过来。”那么，第一位客户听了很可能理解成你在下逐客令，就会离开。

需要注意的是，照顾到每一位客户，不是说所有客户都一视同仁，平均接待，而是要在兼顾多位客户的基础上，重点把握购买意向较强的客户。其实，并不是每位客户的购买意向都是同样的强烈，也并不是每位客户所希望得到的服务都是一样的。有些客户是可以被迅速送走的，比如有的只需要你回答一个问题。如果第一位客户的接待可以立刻解决，便迅速结束去招呼新来的客户；如果第一位客户非常认真想要了解更多信息，你可以向他表示歉意，并表明会马上回来，留下他继续观看房源资料，快速迎向新来的客户；如果第二位客户的问题无法立刻解决，要先向第二位客户表示道歉，寻求该客户的谅解，待接待完第一位客户后再来详细解答他的问题。一般来说，凡事都有个先来后到，要同时接待两位客户时，以先到为尊。

正确应对示范

经纪人：（对新客户）“下午好，先生，请先这边坐会儿。”

经纪人：（对第一位客户）“先生，您要的资料在这里，请问您还有其他疑问吗？”

客　户：“没有了，我把这些资料拿回去看看。”

经纪人：“行，这是我的名片，以后有事情随时可以找我。您方便留个联系方式吗？”

客　户：“这是我的名片。”

经纪人：“王先生，欢迎下次光临，再见！”

经纪人：（对新客户）“不好意思，让您久等了，请问有什么可以帮助您？”

情景八
客户是朋友或熟人介绍来的，不知该如何接待比较好

错误应对示范

1. 和接待其他客户一样，一视同仁。

点评： 和接待其他客户一样接待朋友或熟人介绍来的客户，很容易招致对方的不满，甚至会招致朋友或熟人的不满。

2. 让其他同事帮忙接待。

点评： 朋友或熟人给你介绍客户，你却推给其他同事，以后谁还敢介绍客户给你呢？

3. 直接告诉客户，我只能帮这么多了，如果可以就买。

点评： 话是实在，不过这也要看对方的性格。如果是朋友或熟人自己前来，这样接待倒还好；但是朋友或熟人的朋友，这样接待对方可能会认为你不乐意接待他，不乐意帮助他。

情景解析

有人帮忙介绍客户是好事，不过有时候也够让房地产经纪人头疼的。

相比起来，大家更乐意接待老客户介绍来的新客户，而对朋友或熟人介绍来的客户却感到左右为难，尤其有些客户不了解行情不理解房地产经纪人，明明已经尽最大努力帮忙谈价格，并在中介费方面给了最大优惠，还嫌房地产经纪人不够意思。面对这类特殊的客户，该如何接待比较好呢？

朋友或熟人介绍客户给你，首先，你要对其表示感谢，适当的时候打电话通知他，感谢他对自己的信任和支持，并表示会尽最大努力让客户满意。其次，多了解一些这位新客户的信息，如购买意向、预算、性格等，正如兵家所云：知己知彼，百战不殆。

和新客户初次见面，可以直接称呼其“陈先生/陈总”以拉近距离。接待要表现出十足的热情，不时地夸一下朋友或熟人的优点，说一些“张先生是个很豪爽的人，对人很好”之类赞美的话。同时，感谢他们的信任，表示“既然您是张先生介绍来的朋友，我肯定会尽心尽力为您服务的。”然后仔细询问客户的需求，结合先前从“张先生”那里索得的信息，有的放矢地向他推荐。但是，不要轻易作出承诺，因为最后承诺不能实现的话，不仅会对销售不利，还会影响朋友或熟人对你的好印象。

在大部分情况下，当销售进入价格谈判阶段时，新客户都会要求你帮忙说说话以及在佣金方面多打点折。应该说，既然是朋友或熟人介绍来的客户，多少要有些优惠，这样客户心里才会舒服，朋友或熟人也才有面子。因此，在条件允许的条件下，房地产经纪人应为其争取一些优惠。

当然了，给予优惠同样要讲究技巧，否则即使你已经尽了最大努力在帮助他，他也不会感觉到。当客户要求佣金折扣的时候，你要表现出为难的样子，保证会尽量为其争取，然后让经理或店长给他打电话，说“公司研究决定通过 ×× 业务员的申请报告，给你优惠 ×××，这是公司的最大让步了”。这样一来，客户就能感受到你的真诚，你的朋友或熟人也会觉得你够朋友，够义气。

正确应对示范

（一）

经纪人：“张总，您好您好。虽然没见过面，但您的大名我可是经常听到啊，王强经常在我面前提起您，说您为人实在，而且事业做得很大。”

客　户：“哪里啊，还是王总的生意大，我这是只是小打小闹混口饭吃而已。”

经纪人：“张总，您可真谦虚。对了，张总，您这次准备买多大的房子？”

客　户：“三房的吧。小陈，我对房地产可是外行，您可要好好帮我选一套好房子哦。”

经纪人：“放心吧，张总，您是王强的朋友，也就是我的朋友。我一定会尽力的。”

（二）

经纪人：“张总，您觉得这套怎么样？”

客　户：“嗯，这两天看的几套房子中还是这套最好，楼层高，户型也不错。就是价格太高了，您看看能不能找业主谈谈再降一点？”

经纪人：“张总，您放心，我是王强的朋友，能谈的话我肯定会尽力帮您多谈点的。不过，说实话，这套房子的价格算是比较实在的，谈价空间不是很大，上次有个客户出到238万元，业主都不卖。”

客　户：“哦，这样啊，那您看看，尽量谈。谈成了，我就买。到时好好请您吃饭。”

经纪人：“张总，您客气了。我会尽力帮您谈的，但业主同不同意我就不敢说了。”

情景九
客户滔滔不绝，却对买房事项只字不提

错误应对示范

1. 直接打断客户的话，生硬地转入买房问题。

点评：这种做法十分错误，是对客户的不尊重。客户的自尊心可能因此而受到伤害，继而将这种不满带到交易谈判的过程中去，可能会处处设卡，故意刁难你。

2. 逐渐表现出不厌其烦的样子，心不在焉或左顾右盼，或者干脆开始和其他人聊天。

点评：客户正兴高采烈地谈论一个话题，而你却表现出心不在焉的情绪，说实在的，没有比这更伤人自尊的了。难道你盼望着客户屈就于你吗？请别忘了，客户是上帝，上帝对你不满意的话，你将什么都得不到。

3. 任由客户自己侃侃而谈，直到客户说完再开始说正题。

点评：这种放任自流的做法虽然满足了客户一时的表达欲望，但却容易造成多种不良的影响：容易影响到其他客户的接待；容易造成时间的大量浪费；容易使侃侃而谈的客户占据主动权；容易让客户误认为你没有掌控全局的能力，等等。

情景解析

心理学中，将人的性格特征和行为方式按照其行事的节奏和社交能力，分为老鹰型、孔雀型、鸽子型、猫头鹰型和变色龙型这五种类型。

俗话说，“酒逢知己千杯少”，面对不同类型的客户，房地产经纪人应该恰如其分地转化话术，优化自己应对客户的方法，才能成功抓住客户的心。侃侃而谈的客户一般属于孔雀型，他们热情洋溢，好交朋友，口才流畅，重视形象，善于人际关系的建立，富同情心。但是，与此同时，孔雀型的思维相当富于跳跃性，与这样的客户交谈，一不小心就会被他带到离题千里之外之地。

客户对买房事项只字不提，有两种可能：

一种是客户的孔雀性格使然，他真的是聊得太兴奋了以至于偏离了正题。对于这样的客户，经纪人要管理好时间，在充分满足客户的表达欲之后，不露痕迹地将谈话重新拉回正题，这样才能让客户将被认同的满足感带到房产交易中去，才能使之后的交流谈判更为顺畅。

另一种是客户故意为之，也就是说客户想用自己发散的谈话搅乱经纪人的阵脚，从而占据交易谈判中的主动权。如果你遇到了这一类的孔雀，你确实需要尽快地对客户的天马行空的谈话喊停，只有这样才能避免不必要的时间浪费，但同样要注意喊停的方式、方法以及时机，因为交集广泛的孔雀们的影响力真的小觑不得。

性格色板

■ 老虎型

分析：“老虎”的目的性强，好冒险，个性非常自信、积极，竞争力强，凡事喜欢发号施令、掌控全局，不喜欢安于现状，思维敏捷、行动力强，目标一经确立便会全力以赴。

优点：具备善于控制局面并能果断地作出决定的能力；具有这一类型工作方式的人成就非凡。

缺点：当感到压力时，这类人就会迅速地完成工作，而容易忽视细节，他们可能不顾自己和别人的感受。

■ 孔雀型

分析："孔雀"热情洋溢，好交朋友，口才流畅，重视形象，擅于人际关系的建立，富同情心，最适合人际导向的工作。

优点：此类型的人生性活泼、热情洋溢、好交朋友、口才流畅、个性乐观、表现欲强。

缺点：因其跳跃性的思考模式，常无法顾及细节以及对事情的完成执着度。

■ 考拉型

分析："考拉"属于行事稳健，不会夸张强调平实的人，性情平和对人不喜欢制造麻烦，不兴风作浪，温和善良，让人误以为是懒散不积极，但只要决心投入，绝对是"路遥知马力"的最佳典型。

优点：他们对其他人的感情很敏感，这使他们在集体环境中左右逢源。

缺点：很难坚持自己的观点和迅速做出决定。

■ 猫头鹰型

分析："猫头鹰"传统而保守，分析力强，精确度高是最佳的品质保证者，喜欢把细节条例化，个性拘谨含蓄，谨守分寸忠于职责，但会让人觉得"吹毛求疵"。

优点：天生就有爱找出事情真相的习性，因为他们有耐心仔细考察所有的细节并想出合乎逻辑的解决办法。

缺点：把事实和精确度置于感情之前，这会被认为是感情冷漠。

在压力下，有时为了避免做出结论，他们会分析过度。

■ **变色龙型**

分析："变色龙"中庸而不极端，凡事不执着，韧性极强，擅于沟通，是天生的谈判家，他们能充分融入各种新环境新文化且适应性良好，在他人眼中会觉得他们"没有个性"，故"没有原则就是最高原则"，他们懂得凡事看情况看场合。

优点：善于在工作中调整自己的角色去适应环境，具有很好的沟通能力。

缺点：从别人眼中看变色龙族群，会觉得他们较无个性及原则。

正确应对示范

（一）

经纪人："先生您果真是学识渊博，跟您聊聊天我学到不少东西。差点都把正事给忘了，刚才我们谈到……"（切入正题）

（二）

经纪人："学问好的人见识果然不一般，同您说上几句真是获益良多。您看，我听得太入迷，都忘了说正事了，您觉得刚才看的那套房子怎么样？……"（切入正题）

（三）

经纪人："您说的事真是太有趣了，看我听得都给忘了时间，待会公司还有个会议呢，我得开始准备了，希望下一次还能有机会和您聊聊。"（结束谈话）

情景十
我有个朋友想买这一带的房子，我先帮他来看看

错误应对示范

1. 只顾着再三追问买房人的想法和打算，完全忽视客户本身的看法和观点。

点评：这种做法很容易引起该客户的不满。要知道，他的转述可是你接触到买房人的必经之路，得罪了他，你将失去任何接触到买房人的机会。

2. 一看对方不是真正的买房或卖房者，就失去了介绍的积极性，冷淡对待对方。

点评：这种做法“挑客户”的痕迹太过明显，容易引发当前客户的不满。其实，就目前的状况而言，你完全可以将当前客户等同于实际买房的客户，因为只有当前客户满意了，他才有可能将你、将你的房源转而向他的朋友介绍。

情景解析

房地产中介行业发展迅速，也造成其从业人员的素质良莠不齐。确实有一部分“势利”的房地产经纪人，他们看到客户就两眼冒光，极尽

恭维之能事；但是，一旦这位客户表明自己并非真正的买家时，他们的态度就会有 180° 的大转变，冷眼以对甚至嗤之以鼻。可以说，这些势利眼们永远也不可能成长为优秀的房地产经纪人，因为他们的这种态度已经将通向成功的路堵得死死的了。

买房人委托当前的客户来看房，就说明就目前而言，房地产经纪人完全可以把两者看作一个统一体，当前的客户就是买房人的代言人。所以，千万不能因为当前客户不是真正的买房人而冷淡对待，反而更应该小心谨慎地应对，因为他的任何反馈都极大地影响着那位背后的客户的决策。在与之沟通的时候，房地产经纪人应注意自己说话的语气、态度，要让客户感觉到自己是被尊重的、受到关注的。最好能够适时地夸赞，好让对方更主动地参与到对话中，鼓励并推动对方表达出自己的观点和意见，引导客户透露一些关于买房者的情况，并从中获取有效信息，如面积、需求、购买预算等。此外，在交谈的最后一定不要忘记邀请客户下次带买房人一同前来详谈，更不要忘记请客户留下他的或者买房人的联系方式，否则，你的这次推介就只会是客户所做的多个市场调研之一。

正确应对示范

（一）

客　户：“是这样的，我一个老家的朋友想在观音山这片区买一套三房的房子，你们有没有这方面的房源？”

经纪人：“您好，我姓张，您叫我小张就可以了。请问您怎么称呼？”

客　户：“哦，我姓王。”

经纪人：“这么热的天，您还特地帮朋友跑一趟，您俩感情可真不错。请先进来喝杯茶休息下吧，顺便让我给您好好介绍下。”

……

经纪人：“您看了这些房子的介绍感觉怎么样呢？”

客　户：“不错是不错，就是都稍微小了些，不够宽敞。”

经纪人：“哦，那您觉得多大面积适合您朋友呢？”

客　户：“他们家三代同堂，也需要多一些房间，另外老人家年纪大了，腿脚不方便，楼层最好不要太高了。”

……

客　户：“那好吧，我还有事，就先回去了。”

经纪人：“好的，那您能不能留下您或您朋友的联系方式呢？一旦我们有适合的房源信息可以第一时间通知你们。”

客　户：“那我留张名片吧。”

（二）

客　户：“我一个朋友想在观音山这边买房子，你们这上面所说这套三房是怎样的情况？”

经纪人：“您好，我姓张，您叫我小张就可以了。请问您怎么称呼？”

客　户：“哦，我姓王。”

经纪人：“先生，您朋友能委托您帮忙看房，我猜您对房产有一定的了解，说不定还是位专业人士。”

客　户：“呵呵，谈不上，我是做房地产策划的，对房产还是有一定的了解。”

经纪人：“还真让我猜对了，您的朋友要买房卖房的应该都会找您帮忙吧。请问您的朋友有什么具体的要求吗？比如朝向、小区配套设施、周边环境……”

客　户：“最好是南北朝向，小区最好要有专门的物业管理，我朋友经常要出差，家里没人怪不安全的……”

……

客　户：“这样吧，这两套房子，你都帮我约一下业主，看他们周末有没空，我带我朋友来看房。”

经纪人：“行，没问题。跟您聊天，我还能学到不少房产方面的知识。您下次陪这位朋友来看房的时候，可要多指教指教。这是我的名片，您或者您朋友有什么要求随时可以给我打电话。”

客　户：“好，这是我的名片。”

情景十一
客户来找之前接待过他的同事，但那同事已经离职了

错误应对示范

1. 告诉客户该房地产经纪人临时有事不在或者调往别处。

点评：这种做法明显是在欺瞒客户。客户一旦知道了实情，就会认为你是一个不诚实的人。况且，现在通讯发达，客户只要打个手机就能了解情况了。

2. 对客户表示该房地产经纪人是因违反公司规定或业绩不佳而离职。

点评：即便事实确实如此，也不必完全据实相告。如果客户对该房地产经纪人的印象不错，那么你的这种做法就有种容易给人以落井下石的感觉，容易引起客户的反感。

情景解析

“铁打的营盘流水的兵”，遇到这种情况也是再稀松平常不过的事情了。这个时候，房地产经纪人应该对客户如实相告即可，没必要抹黑也没必要刻意隐瞒。

一般而言，客户点名之前接待过自己的房地产经纪人，说明客户对其还是比较信任的，否则只会避之不及哪里还会再点名于他。这个时候，

作为接手的那个人，如果急于表现自己，稍不留神说了让客户听来是不利于先前房地产经纪人的话，那么反倒给客户留下爱背地里嚼舌头根子的坏印象。抹黑容易适得其反，适当地对前任表示肯定，则可以引发客户的共鸣，以及对你工作能力的期许。

既然客户之前已经来过公司，必然已经对公司有一定的了解，目标也相对明确。新接待人应引导性地询问客户，重新整理出完整的客户信息，并根据情况有针对性地说明，增进自己与客户的沟通了解，以便迅速拉近与客户的距离，博取客户对自己的信任。与客户沟通的时候，最好要先询问客户是否看过哪边的房源，以免自己重复介绍，让客户觉得乏味又浪费时间。送走这位客户之后，要及时向公司反映，表示这位客户已经由自己接手。

正确应对示范

（一）

经纪人：“大姐，您好，请问需要什么帮忙？”

客　户：“小肖在吗？”

经纪人：“哦，不好意思，小肖前不久刚刚离职了，我是小林，您有什么需要都可以跟我说，很高兴为您服务。”

客　户：“哦，这样啊。之前小肖带我看过大洲新世纪的那套三房两厅的房子，那天是晚上，看不清楚，我想现在再去看看。”

经纪人：“大洲新世纪的那套三房两厅是吧？好的，您请稍等。”

……

（二）

经纪人：“您好，请问有什么可以帮上您？”

客　户：“小肖在吗？”

经纪人：“不好意思，小肖上周刚刚离职，我是他的同事小林，有什么不清楚的地方或者需要的服务您都可以找我，很高兴能为您服务。”

客　户：“他离职了啊，我都没听说。”

经纪人：“嗯，小肖走得比较急，不过他离开之前有交代我们要好好接待他的客户，我们一定好好为您服务。”

客　户：“那好……”

FANG DI CHAN
JING JI REN
ZHE YANG SHUO
ZHE YANG ZUO

第三章

房源推介情景演练

情景一

客户站在盘源架前，说：我随便看看

错误应对示范

1.“好的，那您随便看看吧！”

点评：任由客户独自在门外看房源的做法是非常消极和危险的，这是房地产经纪人消极应对的表现，让客户自己在门外看盘源，如果没有马上能够吸引客户的房源信息，估计不出30秒，客户就会离开。

2.“那好，您随便看看，我叫小孙，有什么需要可以叫我。”

点评：从表面上看这样对待客户似乎没有错，而且也非常礼貌。但问题在于没有主动接近客户，邀请客户到店内坐下详谈，客户随便看看之后很可能就离开了。

3.“您好！这是我的名片，有需要的话可以进来了解一下。”

点评：在还没有任何交谈的时候就拿出名片太过于唐突，出于人的一种防备心理，客户会感觉到压力，估计一下子就找借口离开了。

4.“外面这么热，干吗一直站着呀，进来坐坐，我给您详细介绍一下。”

点评：过分热情，显得有些迫不及待，客户与你搭讪几句便会离开。

情景解析

在最初接触阶段，客户难免都会有些戒备心理，其具体表现就是对经纪人问询的冰冷拒绝。因为他们信奉“买的没有卖的精”，担心一旦自己轻易做出什么表示，就会落入经纪人设计好的圈套之中。这个时候，死缠烂打绝对只能逼走客户，给客户十几秒的适应期，再选择适当的切入点去接近顾客，才能获得成功。

30 秒是一个大限。消费者行为学专家表示，如果能让客户在 30 秒之内对你的推介产生兴趣，那么客户苦心经营的心理防线就会瓦解。房地产经纪人要做的，就是要运用话术让客户在 30 秒之内提起兴趣，并接受你进店详谈的邀请，只有这样，你才有机会引导客户说出自己的需求。

一套房子动辄上百万甚至几百万，对任何一个人或者家庭而言都是不小的压力，在这样的大背景下，因特殊原因报价低于市场价的房子就会对客户有明显的吸引力。

如业主着急用钱大幅降价、业主打算出国而放盘、工作调动而急着卖房等，让客户以为有较大的谈价空间，自然会跟你进店了解情况。

正确应对示范

（一）

经纪人：“小姐，您好！请问有什么可以帮到您？”

客　户：“我随便看看。”

经纪人：“有个业主因为工作调动，全家要搬到 ×× 市，昨天委托我们放了一个盘，不知道您有没有兴趣进来了解一下？”（以工作调动为由，让客户产生乘机压价的想法，以为有利可图，从而吸引客户对该套房源产生兴趣。）

（二）

经纪人：“小姐，您好！请问有什么可以帮到您？”

客　户：“我随便看看。”

经纪人：“来得早不如来得巧，我们店里有一个超值盘，昨天业主才说急需用钱，主动降了5万元。不知道您有没有兴趣进来了解一下？”（直接以大幅度降价吸引客户，同时业主急需用钱这一说法让客户认为有便宜可占，便会进店了解情况。）

情景二
客户看了看橱窗的房源广告，什么都不说就要离开

错误应对示范

1. 用“请慢走”、“欢迎下次再来”送别客户。

点评：礼貌是很有礼貌，不过如此轻易放弃一个客户，确实不应该，那会失去很多提升业绩的机会。

2. “您这就要走了？不用我再给您介绍介绍吗？”“您刚刚看的那些房源条件都不错啊。”

点评：这些说法全都太过贫乏、空洞，没有能吸引客户的理由，难以说服客户留下，也无法得知客户离开的原因。

3. 小声嘀咕、抱怨。

点评：没有礼貌，如果让客户听到，会导致客户的不满。

情景解析

通常来说，客户到店里只是看了看橱窗的房源广告就要离开，会有几种可能性：客户真的只是随便看看；客户没有看到自己满意的房源；客

户对某些方面可能突然心生不满。

房地产中介行业发展迅速，中介门店更是鳞次栉比，不管出于何种原因，既然客户来都已经来了，作为房地产经纪人就应该千方百计地抓住这个机会，不能那么轻易就将客户送走或送去隔壁的门店。

在很多情况下，客户的购买需求有时候是被引导出来的，作为房地产经纪人，客户光临时，便是你发挥作用的时机到了。只要有机会，房地产经纪人都应该想方设法地挽留客户，哪怕只是让客户多停留 5 分钟，就会多 5 分钟的机会去探知客户的需求。事实也证明，客户在公司停留的时间越长，产生交易的可能性就越高。

客户什么都没说就离去的原因可能有很多，消极地任由其离开，只会真正流失了这个客户，而如果能诚恳地挽留客户匆匆离去的脚步，则有可能把一个有意见的客户变成一个可以给你建议的朋友。如果能将客户变成朋友，说明你已经成为一名优秀的房地产经纪人了。

正确应对示范

（一）

经纪人：“这位先生，请别先急着离开好吗？是不是没有看到适合您的房子？广告上只是我们的一部分房源，您想买哪个小区的房子？”

客　户：“哦，你们有湖明丽景的房源吗？”

（二）

经纪人：“先生，既然来了就坐下来喝杯茶吧。我见您刚才看了盘源架上的几套优质盘，需要我为您详细介绍介绍吗？或者您有什么不了解的也可以问我。”

客　户：“有没有总价低一些的房源？”

情景三
客户指着橱窗广告问：这套 ×× 花园的两房是怎样的

错误应对示范

1. “哦，这套房子是 90 平方米的两房，我们有钥匙，现在就可以带您去看房。”

点评：客户对这套房子还没有足够的认识，也不确定是否对其感兴趣，现在就要求客户看房，客户会觉得没有必要，可能会找理由推脱。

2. “这套房子就在靠湖滨南路的那一栋，是 7 楼，有电梯。”

点评：这样简单直白的介绍是不可能唤起客户对这个单元的兴趣的，而且过早地暴露了“靠近马路”这一缺点，顿时让客户失去兴趣。即便房子的其他条件不错，但是客户很可能会先入为主，认为这套房子不好。

3. “这套房子面积 86 平方米，总价是 130 万元。”

点评：客户是想了解一下房子的相关情况，房地产经纪人应该说一些房屋的独特卖点来吸引客户的兴趣，而不是简单地告诉客户面积和价格。否则客户很容易就会失去继续了解的兴趣。何况这些情况在房源广告上就已经有写明了，说了等于白说。

情景解析

当客户指着橱窗广告询问这套房子怎么样时，通常可以说明客户已经注意到了这个房源，想要了解一下房子的相关情况。但这并不意味着客户对这套房子产生了兴趣或购买欲望，对于客户而言，只是想多了解一下情况而已。如果房地产经纪人把房子的所有情况都进行介绍，那么客户就很难了解到房子的优点和价值，就会失去继续了解的兴趣。和上述错误应对一样，如果房地产经纪人不能在最初的介绍过程中引起客户的兴趣，客户对这套房子的了解热情就会被熄灭，那么你也就失去了挖掘客户需求重点的机会。

如何能够有效地引发客户兴趣呢？这就需要房地产经纪人做好日常的准备工作了。在接到房源的时候，房地产经纪人就要先分析一下该房子的独特卖点，总结出该房子能带给客户的最大好处是什么。对客户来说，只有明白这套房子会给自己带来什么好处，他才有进一步了解的兴趣。因此，当客户想要了解房源情况时，房地产经纪人要立刻将这套房子最大“卖点”介绍给客户，如客厅挑高 4.95 米、南北通透冬暖夏凉、赠送入户花园等。在介绍的过程中，可适当地“造势”，营造一种房子很受欢迎的态势，让客户觉得自己选了套好房子，进一步引发客户立即去看房的欲望。值得注意的是，最好不要在店门口和客户聊得太多，一旦客户有了兴趣，应主动邀请客户进店喝口茶，然后再向客户做该套房源的推介。

正确应对示范

（一）

客　户：“这套 ×× 花园的两房是怎样的？”

经纪人：“哦，这套房子啊，它可是我们店里重点推荐的优质盘，就在后面这个小区，我上午才带客户去看过。南北朝向，采光和通风一流，而且主卧有个大阳台，可以看到全线江景。站在那儿，空气都感觉比较新鲜。”（卖点：“南北通透、全线江景”）

客　户：“在几楼？”（客户产生了兴趣）

经纪人：“先生，先进店里喝口茶，我向您详细介绍一下该房源情况。”（邀请客户进店详谈）

（二）

客　户：“这套 ×× 花园的两房是怎样的？”

经纪人：“哦，这套房子是我们前天刚收的盘，刚放出来就有好几位客户问了。上午我刚带两位客户过去看，就在后面的这个小区。小区环境挺好的，有很多休闲活动的场所。房子很新，业主年前才重新装修过。并且有入户花园，挺大的，面积可以折半，大概有 18 平方米是送的。”（卖点：“小区环境”和“入户花园”）

客　户：“什么朝向？楼层呢？”（客户产生进一步了解的欲望）

经纪人：“这样吧，大姐，我们先到店里喝口茶，我向您详细介绍一下。如果有兴趣，我们还可以马上去看房，因为业主把钥匙放在我们店里。”（邀请客户进店详谈）

情景四
你们有 ×× 花园的120平方米左右的三房吗

错误应对示范

1.“不好意思，我们这儿没有。您想看看其他房源吗？”

点评：听了这话，客户可能感到失望，继而就离开了。

2.“有啊，3号楼6层，业主开价230万元。”

点评：客户很可能在其他中介看过这套房子，如果其他中介开价228万元，那么客户一听到230万元可能就没兴趣了，也就失去了进一步与客户沟通的机会。

3.“120平方米的三居室太小了，我这里有一套133平方米的三居室，也是 ×× 花园的。”

点评：一回答就否定了客户，显得太不尊重客户，很容易让客户产生不满。这样回答同时也告诉客户这里没有符合你要求的房子，客户肯定会转身离开。

4. 为什么非要 ×× 花园的呢？

点评：这样的回答让客户感觉不舒服。客户想买哪个小区是客户的事情，作为房地产经纪人，你只能引导客户，而不能去质问客户。

情景解析

初次接待客户，如果客户“指名道姓”地想要了解某个房源，尤其是详细到具体面积和户型的时候，说明客户在与你接触之前，对该房源有过一定的了解，而这种了解包括三种情况：一是已经在其他中介看上了 ×× 花园 120 平方米的三居室，但是价格谈不拢，想换一家中介试试，看能不能以较低的价格拿下；二是有亲戚朋友住在 ×× 花园，听说条件不错，就想来了解一下有没有符合要求的房源；三是已经通过其他中介看上了 ×× 花园 120 平方米的三居室这种户型，但是那套房源已经被其他客户买走，希望你公司会有类似的房源。不论属于哪一种情况，客户对房源的要求都非常明确。

这种情况在门店里经常发生，有类似房源或者相同房源的时候，要通过技巧性的提问，如“请问您之前看过这里的 120 平方米三居室吗”引导客户回答，判断他属于哪一种情况。在明确客户原因后，再根据原因进行有针对性的应对。如果属于第一种原因，在价格上不要太过轻易就做出让步，但是也不能把自己的后路堵死，给客户留下一些谈价的空间。或者在降价的同时，提出一些附加条件，让客户立刻下意向金，这样就变成了独家委托；如果属于第二种情况，在进一步摸清客户需求之后，利用朋友的眼光，巧妙地介绍房源的优势和价值；如果属于第三种情况，便根据客户的要求推荐类似的房源，对于这种意向非常明确的客户，一定要牢牢把握。

如果手头上并没有符合客户要求的房源，也不能直接告知，而应该摸清客户为什么看中那套房子。有时候客户并非喜欢那套房子，而是看中周边的一个设施和环境，或者是看中那个地段的升值潜力，只要能挖掘出客户的真实需求，介绍适合的房子给客户，这笔单子照样有成功的可能。要知道，房地产经纪人是客户的置业顾问，需要引导客户的购买行为。客户之所以想要购买××花园的120平方米的三房，可能是因为他觉得××花园的这个户型更好；可是，这只是他的初步意愿，如果没有找到他中意的，如果能够让他感受到其他的房源其实也不错，那他可能就会转变他的观念。

正确应对示范

（没有类似房源的情况）

客　户："你们这里有没有××花园120平方米的三房？"（客户明确表明目标）

经纪人："请问您之前看过这种户型吗？"

客　户："没有，我有一个朋友住在那儿，我觉得还不错。"（客户道出原因）

经纪人："是这样啊，您是想买一套××花园的房子，对吧？"（挖掘客户的真实需求）

客　户："是的。"

经纪人："嗯，先生，××花园的环境确实不错，绿化也好，这可是很难得的。房屋的设计也都很合理。××花园的三房现在有两套房源：一套是7楼；另一套是13楼，不过面积上有一点差别。"（根据客户的需求，在介绍的时候着重强调优点）

客　户："什么差别？"

经纪人："7楼的那套是130平方米的大三房，13楼的那套比较接近您的要求，是115平方米。户型都是三房两厅，朝东，且南北对流通风，非常符合您的要求。您有兴趣的话，我现在就可以带您上去看，我们有钥匙。"（尽量缩小这套房子与客户目标房源的差别，同时突出房子的优势，引起客户的看房兴趣）

客　户："好的。"

情景五
房源很抢手，客户却说周末才有空

错误应对示范

1. 告诉客户周末没办法安排时间。

点评：客户是上帝，你应该尽量按照客户的时间表来安排看房的时间。如果时间实在不凑巧，经纪人应该具体地说明原因，请求客户的谅解。笼统的、不加解释地拒绝只会让客户认为你对他这单生意根本不重视，继而对你产生不满。

2. 向客户表示这套房源很抢手，希望客户能挤时间过来。

点评：房源抢手确实可以激发客户的危机意识，但是如果少了相应场景的铺陈就会流于空洞，客户认为你是为了实现尽快交易而故弄玄虚。

3. 既然客户说周末才有空，那只能顺应客户的时间安排。

点评：看房不是小事，它牵扯到业主、客户以及经纪人三方面的时间安排。单方面的答应客户而业主刚好没时间时，经纪人就会给客户留下不守信的不良印象。

情景解析

有些客户平时很忙，邀约看房时，总是因为工作忙而没时间看房。毕竟很多客户都不是全职买房的，不会因为要买房就放下手头上所有的工作。然而碰到一些十分抢手的房源，推迟几天就可能被其他客户抢先下单。这样一来，就需要继续为客户寻找合适的房源。买房是件大事，客户并不会因为自己忙就随意选择，肯定还是需要精挑细选，这样成交周期将拉得特别长，降低了成交率，工作量也势必加大。

遇到房源十分抢手的情况，房地产经纪人一定要让客户顺着自己安排的时间来看房，让客户的时间尽量根据自己提出的时间段来安排，这样自己的工作效率和成交率才会大幅提高。为了让客户意识到房源抢手这一情况，可以适当地夸张房源的条件和价值，同时利用第三者来烘托房源的人气，唤起客户的危机意识，立刻答应前往看房。

邀约客户看房的时候，最忌讳的就是直接问客户或业主什么时候方便，让他们自行选择时间。最好用“选择式”的方法提问，如果直接问客户“您周五有空吗？”客户很忙的时候必然告诉你没空，相比之下，如果问客户：“您看是上午 10 点还是下午 3 点去看房方便呢？”客户就会给你一个答案，而这个答案通常就是有空看房，只是在时间上有所选择而已。即使客户真的在这两个时间段没空，他也会实话告诉你，甚至会自己提出一个看房时间来。另外，预约看房时，最好有一个准确的时间，几点就是几点，而不要笼统地说“上午”或者“下午”。

正确应对示范

经纪人：“张小姐，您好，我是 ×× 中介公司的小陈。上次您说要买一套三房的房子，现在我这里有一套各项条件都很符合您要求的房子，您今天有时间过来看看吗？”

客　户：“今天没空，周末吧。”

经纪人：“张小姐，是这样的，这套房源是昨天业主才放的盘，是湖明丽景的，在11楼，户型格局非常好，价格比市场价低了不少，只卖2万元一平米，因为客户着急用钱。刚刚我另外一个同事也向他的客户推荐了，有两个客户中午就要来看房了。而且，这套房源不是我们独家委托，业主在其他中介也登记了，像这么好的房源，大家肯定都是做重点推荐的。如果周末再看房，恐怕会被别的客户先买下了；而且，就算到时还没成交，但看的人多了，业主想要涨价也不是不可能。我知道您很忙，但是我希望您今天能抽个时间来看看这个房子。”（制造房源抢手的局面，激发客户看房欲望）

客　户：“那好吧，我今天抽个空去看看。”

经纪人：“那请问是上午方便还是下午方便呢？”（用二选一的方式让客户选择看房时间）

客　户：“下午吧！”

经纪人：“那我们定在下午2点，行吗？”（向客户确认具体时间）

客　户：“好的。”

情景六
要带客户去看房，业主却说现在没时间来开门

错误应对示范

1. 采用疲劳轰炸的方式，不停地打电话预约业主开门。

点评：不停地打电话给业主，这是再明显不过的骚扰。死缠烂打不仅不会换来业主的合作，反倒只会招来业主的厌烦，一怒之下取消对你的卖房委托也有可能。

2. 趁机要求业主给钥匙，省得浪费他的时间。

点评：这确实是说服客户留钥匙的好机会，但是也要具体问题具体分析，如果之前业主就已明确表示不会留钥匙的话，那你这种重复问询就只会自讨没趣。

3. “威胁”业主如果不尽快来开门让客户看房，很可能就浪费了一个成交的机会。

点评：无论什么情况下，经纪人一定要注意话术的运用。你所谓的这个“成交的机会”一定要力图对业主形成足够的吸引，否则，你的这种“威胁”就只会被业主理解为危言耸听的小伎俩。

4. 认为把业主晾几天，业主会主动要求自己带客户看房。

点评：这种想法和做法都是错误的，业主不来开门，损失最大的一方还是房地产经纪人。而且业主只要不是独家委托，其他公司的中介照样会带客户去看房，业主是不会主动要求你带客户去看房的。

情景解析

经常有客户前来看房，但就是没有人表示过购买意向并进入到实质性的谈判阶段，原因有很多种：一是业主的这套房子的条件相对比较差，可能是地段偏僻、周边配套差、房子老旧等；二是业主价格放得太高，使得个个客户望而却步；三是部分客户还价太低，根本无法进行议价；四是观望的气氛浓厚，很多客户都在观望市场。无论是哪一种情况，看房的人多，却没有成交的希望，的确会让客户失望，失去前往开门的热情。

当客户表示没时间来开门让客户看房时，要成功预约业主，一定得找一个让业主无法拒绝的理由。比如，这位客户非常有购买意向，已经看过类似的房子，朝向、格局之类的都满意，现在只是想实地看看房，满意了就会下定金。对于那些经常被客户还价特别低而导致不想开门的业主，应表示这位客户在价格上不会太多计较，只要房子符合他的要求就可以了。总之，要让业主看到成交的可能或者看到好处，这样业主便会同意前往开门。

值得注意的是，对于这种情况，除非房地产经纪人认为客户看中该套房子的可能性较大，才值得如此说服业主前来开门。否则，业主会认为再一次被你骗了，那之后他就更不可能和你合作了。

正确应对示范

经纪人：“郭小姐，您好，我是 ×× 房产公司的小李。”

客　户：“您好！”

经纪人：“郭小姐，是这样的，我有个客户，我想带他来看您那套601单元。不知道您明天方便吗？”

客　户：“小李啊，你都带过不下八个客户来看我的房子了，都没有成交哦。”

经纪人：“郭小姐，这次的客户还是很有诚意的，他之前已经看过类似的单元了，楼层、朝向、格局等方面他都感觉满意，现在只是想再实地看看房，如果满意了就会马上下订金。所以，您看您明天是上午方便还是下午比较方便，我带客户过去看看？”（以成交的高可能性来引诱业主同意看房，且用选择式的方法敲定看房时间）

客　户：“那就明天下午吧。”

经纪人：“好的，那我们明天下午3点在您的房子里见？”

客　户：“好的。”

情景七
要带客户看房时，客户不愿意签署看房书

错误应对示范

1. 告诉客户这是公司的规定，不签看房书就不能带去看房。

点评：直接用公司规定来要求客户签字，将责任推给公司，不但没有积极化解客户的异议，还让客户对公司留下不好的印象。

2. 认为无所谓，相信客户不会跳单。

点评：虽然要和客户做朋友就要相信客户，但是不排除某些客户刻意逃避佣金，有跳单的情况出现。为了确保自己的工作成果，在客户不是很抗拒的情况下，最好在看房前让客户签看房书。

3. 等客户看完房后再要求他签。

点评：这不能说是个好办法，但是有些客户看房回来，仍旧不肯签字，这样自己和公司的利益就会受到损害。所以一定要在对客户有把握的情况下，才答应先带看之后再签看房书。

情景解析

为了保证房地产经纪人及公司的利益，各个公司都会规定带客户看

房前要签看房书。在实际工作中，存在部分客户不愿意签看房书，有些是不明白它的作用，怕签了会让自己的利益受到损害，然而有极小部分客户就是别有用心，准备日后跳单。为了确保自己的工作成果，房地产经纪人要尽量说服客户签署看房书。

看房出发前，要先于客户说明看房要求——签署看房书，并表明看房书只是对看房行为的约束，前提是成交后才开始履行承诺，这对客户来说并没有任何损失。大部分客户都愿意配合房地产经纪人在看房书上签字。遇到不愿意签字的客户，房地产经纪人应诚恳地表示这是公司的规定，一是为了规范房地产经纪人带客看房的服务，二是为了确认房地产经纪人外出确实有带客户看房，然后把不签看房书的后果及责任推到自己身上，表示如果没签看房书就带客户去看房自己会因此受到批评或惩罚。这样一来，客户感觉良心不安后就会签字。

当然，也有一些客户看房前不肯签字，执意表示看房后再签。为了避免与客户的关系闹僵，在有一定把握的情况下，最好先表示同意。在看房子的过程中拍照或者录像，这样保有一些“证据”，客户在看房后签字的可能性较高。虽然并不提倡这种方法，但是为了维护自己的利益，房地产经纪人一定要懂得“说服”客户。

正确应对示范

经纪人：“陈先生，这是我们公司的《看房书》，请您在上面签个字。”

客　户：“怎么那么麻烦，还要签什么《看房书》。”

经纪人：“陈先生，是这样的，带客户看房前先签订看房书是我们这个行业的行规。而且，这也是我们的一项行程，我们经理要根据这个来检查我们的工作。希望您能帮个忙配合一下。”

客　户：“你是不是不信任我吗？如果成交了，我肯定会付你中介费的。”

经纪人：“陈先生，我怎么会不信任您呢？一看就知道您是个高素质的人。我希望您能理解我，我们做中介的其实很辛苦，经常要带客户看房。如果没签看房书我就带您看房，我们经理会责怪我的，甚至还会扣我们的工资。我们挣的是辛苦钱，很不容易的。您就帮帮忙吧。”

客　户：“那好吧。”

情景八
客户对房地产经纪人的讲解好像没有什么兴趣

错误应对示范

1. 算了，客户没兴趣就不说了。

点评： 客户为什么没有兴趣？房地产经纪人不了解客户之所以没有兴趣听你讲解，就轻易选择放弃，实在不理智。

2. 按自己设定的一套模式继续讲解下去。

点评： 这样的讲解不但不会吸引客户的兴趣，反而会让客户感觉乏味。

情景解析

房地产经纪人热情地为客户做讲解，却发现客户却好像没有什么兴趣。对此，房地产经纪人感觉很沮丧，不知道是否该继续讲解下去，如何讲解。

为什么客户会对房地产经纪人的推介没有兴趣？其中一个主要原因，就在于房地产经纪人的推介没有引起客户的共鸣，没有抓住客户的关注点进行推介。

当你挖掘出房源所能带给客户的全部相关利益后，你会发现，并非所有罗列出来的利益对客户都具有同等的吸引力。比如，对于一套环境优美、地理位置优越、可以就读名校的房源，因为生活水准提高而换房的客户更看重的可能是其环境优美，年轻的上班族购房者更看重的可能是其优越的地理位置，而一些有孩子准备上小学的客户更看重的可能只是可以就读名校……

推销的一个基本原则是，“与其对一个产品的全部特点进行冗长的讨论，不如把介绍的目标集中到客户最关心的问题上”。任何一套房源都有诸多卖点，我们房地产经纪人在向客户推介时不能面面俱到，而应抓住客户最感兴趣、最关心之处作重点介绍。

一、把握客户的需求

有人说，世界上最长的距离是从客户的口袋到销售人员的口袋。其实，这段距离并不遥远，只是我们人为地把距离拉远了：我们常常只把焦点放在客户口袋中的钱，而忽略了客户的真正需求和关心的重点。

汤姆·霍普金斯说过：“只卖客户想要的房子，而不卖自己想卖的房子。”在向客户展示房源利益之前，房地产经纪人还必须了解客户的需求，明确哪些利益对客户有用，才能有的放矢进行推介。事实上，房子好与不好并不重要，客户的需求才是最重要的。谁都想住有天有地的别墅吧？但如果客户没有这种需求（买不起说到底其实也就是没有需求），他是不会去考虑的。

二、学会换位思考

人们总是只从自己的角度思考问题，而很少站在别人的角度考虑问题，为别人着想。其实，在销售活动中，换位思考非常有必要也非常有价值。简单地说，换位思考是一个逆向思维的方式，即站在对方的角度上去考虑问题，它有助于房地产经纪人更好地理解自己与客户之间的主要矛盾。并且，如果你能够在销售中多为客户着想一些，能够在自己的能力之内多做一些对客户有利的销售举动，客户就会感受到你的真诚与爱心，就会更容易接受你。

很多大人都有这样的烦恼：三四岁的孩子都不喜欢待在商场，但有时候购物，又不得不把孩子带进商场，这时父母既要挑选商品又要哄孩子，经常是左右为难。为什么琳琅满目的商品、丰富的食品吸引不了孩子呢？大人们都不能理解，专家也解释不了是怎么回事。但有位儿童心理学家却轻而易举地回答了这个问题：如果大人们蹲下来，当处在与孩子同样的高度环顾商场四周时，其实看到的只是大人们的腿。

大人们需要站在孩子的角度才能知道孩子在想什么。同样，房地产经纪人只有站在客户的角度才能知道客户需要什么样的房源。如果客户不接受你的建议，不购买你推介的房源，那么，你首先要做的就是站在客户的立场，想想你为什么不愿意购买？只有设身处地地为客户着想，并通过与客户的沟通说服客户，才能使客户感受到我们的真诚，并愿意回报以同样的真诚。

换位思考，就先把房子卖给自己！在向客户销售之前，不妨让自己同时扮演两个角色，一个是客户，一个是房地产经纪人，并尽力自己说服自己购买。当达不到说服自己购买的效果后，就要花一些时间分析一下，自己的需求是否都已经被满足了？如果没有，你还有什么的需求，是否一定要都获得满足才愿意购买？如果你能够成功地把房子卖给自己，成功就近在咫尺了。

三、抓住客户的关注点

很多房地产经纪人总是习惯以自己的方式进行思考，一味地向客户推荐自己认为的好处和利益，这样很难吸引到客户。聪明的房地产经纪人会把焦点放在客户的关注点上，摸清客户的需求，明确哪些利益对客户有吸引力，再着重对其进行推介。只有事先知道客户的需求，并具体分析客户的喜好、习惯，才能更好地满足客户的需求，并使客户真正满意，最后拥有客户。就像一个人肚子饿了就应该让他吃饭，而不是让他喝水，因为喝水并不能满足他填饱肚子的需要。

每个客户的喜好都是不一样的，也就是说客户所最看重的房源利益点并不一致。如果一套房源的卖点很多，你就应该根据客户的喜好进行重点介绍。比如，对于一个依山傍水、建筑独特、并且智能化设施齐备的房源来说，你在介绍时，就要抓住客户的喜好之处进行重点推介；如果客户最看重的是环境的优美，你应重点推介“依山傍水”这个优点；如果客户更看重的是住宅小区的安全性与生活的便捷性，你则应重点推介“智能化住宅”这个优点。

正确应对示范

客　户：“客厅太大，主卧又太小了。”

经纪人：“陈先生，您是喜欢大卧室小客厅的？”

客　户：“是的，我觉得主卧大点住起来比较舒服。”

经纪人：“请问您除了睡觉之外，在主卧待的时间多吗？”

客　户：“当然不多了，没事在家就是看看电视泡泡茶。”

经纪人：“嗯，那就是了。客厅是一个家的公共区域，平时家人在客厅待的时间比较多。而卧室是私密空间，主要功能就是睡觉休息。所以，客厅需要大一点，‘大客厅小卧室’是户型设计的一个潮流。”

客　户：“那倒也是。”

情景九
客户有点心不在焉，不知该如何才能吸引他的注意力

错误应对示范

1. 估计这客户对这套房源不感兴趣，那就算了。

点评：客户心不在焉，不一定是对房源没有兴趣，只是你没激发他的兴趣而已。不要动不动就把责任归结于客户身上。

2. 先生，您到底有没有在听我说呢？

点评：毫无疑问，这么问客户，肯定会让客户不爽的。

3. 那就不介绍了，给他多说说笑话。

点评：说笑话也要看对象看场合看时机。如果把握不好，客户会认为你根本没有在好好为他提供服务。他可不是来听笑话的，而是来买房的。

情景解析

有时候，房地产经纪人在认真为客户做房源推介，可是却发现客户心不在焉的，也不知道到底有没有在听。该如何才能吸引他的注意力呢？

在推介时，如果客户心不在焉，排除客户自身的因素（比如时间紧，被别的事情分神了等）外，很有可能是房地产经纪人的推介解说太枯燥，无法吸引客户的注意力。对于这种情况，房地产经纪人就要及时调整自己的推介方式，以吸引客户的注意力。

一、促使客户联想

小故事

小林在电影院门口等女朋友。一个卖花的小姑娘跟了上来："先生，买枝花吧！你看这玫瑰花多漂亮。"小林摆摆手，小姑娘闷闷地走开了。

没过一会，又一个卖花的小姑娘来了："先生，先生，买枝玫瑰花吧。"

"不要不要！"小林有点不耐烦了。

"先生，你知道吗？女孩子都是喜欢玫瑰花的！送一枝玫瑰花给您的女朋友吧！如果您的女朋友接到这枝玫瑰花，她会非常高兴，她会感觉自己非常幸福……"

"那多少钱一枝呢？"小林语气变得缓和多了。

"不贵不贵，只要20元一枝。"这个价钱比平时贵了一半。

"那给我来一枝吧。"小林很爽快地掏出钱来。

为什么第一个卖花的小姑娘抢了先机却反而失败了，而第二个卖花的小姑娘不但做成了生意，还多挣了一半的价格？因为她巧妙地利用了人们的想象力来激发购买欲望！她不是一味地强调说玫瑰花有多漂亮，而是描述了如果买了这枝玫瑰花送给他的女朋友会有什么样的效果，从而唤起客户的想象力，促使客户做出购买决定。

可见，在销售时，让客户产生联想是很重要的。一位销售专家就把想象力称为"延伸的利益"，也就是说你所能想象到的客户利益。利用人们的想象力来销售，可以使人们无法抗拒那种想象的诱惑，所以就会痛痛快快地把钱掏出来。同样，在销售活动中，单纯的解说介绍，多少会有些枯燥，并且难以吸引住客户的注意力。这时，你可以运用“情景销售”法，即通过生动具体的语言描述，将客户带入到将来居住在这样的房子里所能享受到的美好情景里，让客户更深刻地体会到这样的房子可能会给他带来的改变，借以驱动客户的购买欲望。

促使客户想象，就是要让他觉得眼前的这套房子可以给他带来许多远远超出房子本身价值之外的东西，一旦拥有甚至会给他带来一个新的世界、新的生活。当然你启发客户想象应该是基于现实的可能，而不应是胡思乱想。

要激发客户的想象力，你就需要把房子和真实的情节有机地联系起来，编成一部客户就是主角的情景剧，然后用你绘声绘色的语言，像电影里的旁白那样，把这些景象一一描述给你的客户。

运用“情景销售”手法时，房地产经纪人可以运用这些句子作为开头语：

- 你有没有感觉到……
- 你可以想象一下……
- 假如……

“情景销售”需要房地产经纪人具备极为优秀的语言表达能力与联想能力，而我们毕竟不是大导演。其实，在做销售准备时，你完全可以先拟定这方面的“演说稿”，为现场演说做好准备。

二、让客户亲身感受

都说“天下没有免费的午餐”，但在现实生活中美容院或健身房却经常会发放一些美容卡或健身卡，邀请客户前去免费体验，为什么呢？其实这就是营销学中所谓的“体验式营销”，先让客户亲自体验到美容或健身的好处，进而刺激客户参与的欲望。

同样，在销售活动中，你也可以让客户参与“体验”，让客户亲自感受到房源的品质。体验的方法有很多种，比如可以让客户触摸小区的智能化设施，让客户亲自体验智能化设施的使用，让客户亲自到健身房走一趟感受一下小区会所……

正确应对示范

（一）

客　户：“唉，这环境好是好，可是也太贵了点。”

经纪人：“王姐，您的儿子这么孝顺，您就好好地享受生活吧。我到过××小区（客户现在所居住的小区），那里的生活配套很不齐备，并且人员也比较杂乱，生活一定很不方便的吧？假如您住在这里，那就完全不一样了。老人家都喜好晨练，您一起床就可以下楼来和邻居大妈大爷们一起呼吸呼吸空气，打打太极拳之类的；然后回家吃个早饭，又可以到我们的会所去打牌聊天，或者到中庭花园去逛逛，赏赏花儿看看小鱼；闲着没事时，还可以到员当湖畔走走。走出大门向左走个300多米，就是个菜市场，想吃什么就买什么，既干净又方便，再也不用像以前一样挤公交车买菜了。这样的生活多惬意，您的儿女也才会放心啊！”

（二）

客　户：“这边不知道会不会很吵。”

经纪人：“大姐，您放心，这里不但不吵，还很安静，非常适合住家。您看，这边上就是湿地公园。周末的时候，您可以带着一家人来到湿地公园散步，享受着清晨的凉风与阳光，那是多么令人愉快的事情呀。回到家，在客厅在阳台上就可以看到九龙江的波光粼粼，高尔夫球场的绿意茵茵，视线一览无余，这是多么惬意啊。”

（三）

客　户：“这附近生活方便吗？”

经纪人：“刘先生，这里生活是非常便利的，您看，要购物有大润发、沃尔玛、来雅百货、乐购商场，要看电影，有明发影视城。而我们小区的内部配套也是非常齐全，您看，这里就是我们未来的会所，里面有羽毛球馆、健身房等。刘先生，您不是喜欢运动吗？这下可方便了，周末的时候您可以约上朋友到小区的羽毛球馆打打球，您太太可以到健身会所练练瑜伽，别人运动要跑大老远的，你们在家门口就可以达到锻炼的目的，多舒服啊。”

（四）

经纪人：“王先生，这就是这个小区所用到的红外线监控系统。您过来看看，外面的风吹草动都没法躲过它的监控。”

客　户：“哦，还很先进。”

（五）

经纪人：“陈先生，我们是不是到那边仔细地看一看（自身先行动）这周围的环境。您看，那里（用手一指）就是规划中的公园，据说面积有很大，而且年底就要动工了。”

客　户：“哦，如果这里真的建起来，那应该很漂亮。”

情景十
客户对房地产一窍不通，总是听不懂房地产经纪人的介绍

错误应对示范

1. 他听不懂是他的事，反正我该介绍的已经介绍了。

点评：客户听不懂，你介绍得再多也没用。甚至有些客户会认为你只是在卖弄自己而已，从而心生不满。

2. 不会吧，连这么简单的问题你都不懂。

点评：客户听了这样的话，第一反应就是你在嘲笑他什么都不懂。你嘲笑了客户，客户还会乐意找你买房吗?

3. 对牛弹琴，他既然听不懂，我就不用多介绍了。

点评：听不懂，是你的说话方式不对。你不多介绍，客户怎么可能会产生购买兴趣呢?

情景解析

有些客户对房地产一窍不通，房地产经纪人都不知道该怎么给他们做介绍了。尤其是一些老年人客户，更是如此。这可怎么办?

知名作家郑渊洁说过，把听得懂的话往听不懂里说，把简单的道理往复杂里说的，都是骗子。虽然有点极端，但也向我们传递了一个重要信息：一件事情，如果能用通俗易懂的语言表达，就不需要用满口行话或专业术语来表现自己的专业。事实上，当客户听不懂你的话时，他不但不会觉得你专业，反而会认为你是在卖弄自己。

因此，在进行房源推介时，房地产经纪人应尽量使用一些简单易懂的词语或者是更为形象的词去代替那些难懂的专业术语，以让客户听得更加明白。在介绍前，你最好先在心里琢磨一下对方是否能够听得懂你所表达的意思。在这种时候，“对不同的人说不同的话”是非常重要的。如果对方也是专业人士，那么你才可以用专业术语表达，以此表示你的专业，让客户信赖你；而如果对方只是一名普通的购房者，那么你就要避免使用专业术语，而要尽量说得通俗易懂。

不过，有时候，对于一些概念性的东西，我们又不得不使用一些专业名词。这时候，该怎么办呢？如果碰到这种情况，那么你可以分两步来介绍：

第一步：先说名词术语；

第二步：把每一个名词术语都用精彩的、让人听得懂的话语解释一遍。

这种表达既会让人听起来很专业，又很有说服力。

正确应对示范

经纪人：“大姐，这个小区的公摊非常小，得房率高达85%呢……”

客　户：“等会等会，什么是得房率啊？”

经纪人：“是这样的，大姐，得房率是指可供住户支配的面积（也就是套内建筑面积）与每户建筑面积（也就是销售面积）之比，得房率高意味着公摊面积比较小。很多时候，两套房子，面积虽然相同，但给人的感觉却很有可能不一样，有的会让人感觉大，有的却让人感觉是根本没有那么大的面积。这是为什么呢？因为我们买房的时候，是以“建筑面积”计算的，而建筑面积是包括套内建筑面积和公摊面积的，也就是说我们花钱所买到的面积并不是房子里的真正面积，公摊越大，房子里的建筑面积就越小；得房率高，房子里的建筑面积就越大。”

情景十一
和客户讲解了半天，客户竟然还不知道这套房子有什么好

错误应对示范

1. 不会吧，我说了那么多，你竟然一句也没听进去。

点评：一下子就把责任归结于客户，客户不生气才怪呢。首先要从自己身上找原因，而不是从客户身上找原因。

2. 再向客户做一次讲解。

点评：客户是因为刚刚没注意听才不知道房源有什么好吗？如果不是，那么即使你向客户讲解10遍，客户还是不明白。

情景解析

房地产经纪人辛辛苦苦地向客户做了详细的房源介绍，最后客户竟然还问一句“这套房子有什么好啊”。听了这话，是不是让人有点沮丧？

客户在打算购房时，可能会走访十几套不同的房源，进行多方面的比较，因此，客户以其不专业的眼光所看到的可能会是同质性的一面较多，所以房地产经纪人应重点向客户推介自己房源特有的东西。这些特有的东西，在专业销售中被称作特性或卖点。在推介卖点时，应将房源

所具有的特性转化为利益，因为客户关注的是自身的利益！在这方面，“FAB介绍法”能帮助你有效地将利益传达给客户。

1.“FAB”是什么

“FAB介绍法”也称“利益推销法”，是进行产品介绍时最常用的一种方法，即按一定的逻辑顺序将所推销产品的特征、优点转化为即将带给客户的某种利益，充分展示产品最能满足和吸引客户的某一方面。

（1）特性（Feature）

产品的特性是指产品的独特之处，也就是其他产品所不具有的某种优势。每一样产品都有它的特性，关键是你从哪个角度去发现它。例如：从材料着手，衣服的特性有棉质、毛质、丝质等；而从样式着手，衣服的特性有正式装、青春装等。

对于二手房销售来说，产品的特性，指的就是房源的卖点。在现在的房地产市场上，房源卖点多如牛毛，比如以地段作为卖点、以园林景观作为卖点、以智能化作为卖点、以优良的物业管理作为卖点、以独特的建筑外立面作为卖点、以开发商的品牌作为卖点等。

（2）优点（Advantage）

产品的优点是指产品的特性所表现出来的直接功能效果，也就是从产品特性衍生出来的优势所在。比如，对于棉质（特性）的衣服来说，其优点就是吸汗；对于毛质（特性）的衣服来说，其优点就是保暖；而对于丝质（特性）的衣服来说，其优点就是轻。

同样，对于二手房销售来说，产品的优点就是房源的卖点所表现出来的优势所在。比如，以地段作为卖点的，其优点就是地理位置佳、交通便利；以园林景观作为卖点的，其优点就是空气的清新、生活环境的优美；以智能化作为卖点的，其优点就是安全、便捷；以优良的物业管理作为卖点的，其优点就是全方位的生活服务；等等。

（3）利益（Benefit）

产品的利益是针对消费者而言的，就是产品的特性所能满足客户的某种特殊需求，或者说产品的特性、优点所能使客户享受到、感受到的某种好处。比如，对于毛质（特性）的衣服来说，其优点就是保暖，而其带给客户的利益就是可以避寒。

从二手房销售来说，产品的利益就是房源的特性（卖点）和优点（优势）所能够满足客户的某种需求，以及让客户享受到、感受到的某种好处。比如，以园林景观作为卖点的，其优点就是空气的清新、生活环境的优美，而其给予客户的利益就是让客户生活在一个优美的环境中，从而保持身心的健康。

2.“FAB”句式的运用

从上面的分析中可以看出，FAB介绍法其实是一种针对不同客户的购买动机，把最符合客户要求的产品利益向客户加以推介，讲明产品的特性、优点以及可以为客户带来的利益的一种销售方法。

事实上，特性、优点和利益是一种贯穿于产品的因果关系，在产品介绍中，它形成了诸如“因为……，所以……，对您而言……”的标准句式。

特性：因为……

优点：所以……

利益：对您而言……

（1）“因为……”

“因为……”这一句说的是产品的属性（Feature），它回答了产品“是什么？具有什么特点”的问题。比如，“（因为）它采用的是转换层结构……”

（2）“所以……”

“所以……”这一句介绍了产品的作用（Advantage），它解释了产品这个属性能做到什么。比如，“（因为）它采用的是转换层结构……，（所以）每一户都是隐梁隐柱，宽敞的房间里看不见一条梁和柱，这种气派正是豪宅的风采……”

（3）“对您而言……”

“对您而言……”这一句是告诉客户将如何满足他们的需求，也就是购买该产品所能得到的利益，比如“（因为）它采用的是转换层结构……，（所以）每一户都是隐梁隐柱，宽敞的房间里看不见一条梁和柱，这种气派正是豪宅的风采……（对您而言）给客户带来的使用率是最高的，即实用面积更大……”。

如果你能够很好地运用FAB介绍法，那么你将会发现在二手房销售活动中进行房源推介是那么的容易，不但能让你的房源推介更为顺畅有条理，而且还可以使客户充分感受到房源的特性所能带给他的好处，从而让客户认为这个房源确实适合他。

正确应对示范

经纪人：“王小姐，您觉得这套房子怎么样？”

客　户：“没什么，不就是挑高吗？价格那么贵。”

经纪人：“是的，王小姐，大多数客户的第一反应都和您一样，太贵了。不过，如果考虑到它的5.9米挑高设计，您就会觉得非常划算了。”（注：展示特性——挑高设计）

客　户：“挑高是不错，可是想想还是太贵了。”

经纪人：“王小姐，您想想，5.9米的高度，是不是可以让空间一分为二，轻轻松松地做出两层居住效果？”（注：说明挑高设计的优点）

客　户：“嗯，那没什么问题。”

经纪人：“那就对了，这等于是花一层的钱买到两层的家，也就是业内所说的‘买一层，送一层’。实际上，从实用面积上来比较，它的价格应该还算是比较便宜的。”（注：上升到挑高设计给客户带来的利益层面上）

情景十二
客户总是抱有怀疑态度，不愿相信房地产经纪人的话

错误应对示范

1. 爱信不信，反正我说的都是真的。

点评：如果客户不相信，即使你说得再真也没用。

2. 直接向客户保证说，“我以人格担保，我说的绝对是真的”。

点评：就凭一句担保，就能让客户相信吗？

3. 质问客户“您怎么那么不相信人呢？”

点评：客户凭什么要相信你？

情景解析

“拿出证据来！”，这是“五四”新青年，特别是有“考洁癖”的胡适先生的口头禅。他强调做学问要“无一字一句无来历”，不能信口开河。

小故事

数学逻辑学家罗素是20世纪有名的无神论者，他从来不相信上帝的存在。有人问他，如果死后发现真的有上帝，他会怎么办？罗素答，他会责备上帝“为什么不多提供自己存在的证据？”

做学问要有证据，同样，销售也是如此。即使你说得天花乱坠，即使你拍着胸脯担保，客户心里总是还会有所疑虑。这也难怪，在客户的潜意识里，都是这么认为的：每个房地产经纪人都会说自己的公司信誉好，都会说这套房子那套房子好，可是谁又能证明它真的有你所说的那么好呢？

法官断案需要讲究证据，而不能光凭几句口头之言。相比你的一面之词，证据绝对更有说服力。要让客户信服，要让客户相信你的推介，要让客户相信你推介的这套房源的确性价比高，的确适合他，光说肯定不行，也要有证据来支持，用事实和证据来证明你所说的的确是“百分之百真实”的。

一、出示证明

在超市里，水果摊位前经常会放个小盒子，里面有切成块的哈密瓜和牙签。为什么呢？就是为了让客户先行品尝，证明这里所卖的哈密瓜是甜的、是可口的。客户品尝后，感觉的确不错，于是就会选择购买了。

同样，在向客户推介时，如果房地产经纪人能够出示一些证明，让客户相信自己的推介是真实的，那么客户就会更为信任。其实，这是人们在购物、在消费过程中的一种常见心理。在销售过程中，大多数房地产经纪人都会说自己所推介的房源好，而不会说不好。问题是，每个人都说自己的房源好，那客户该相信哪一个呢？这时候，客户通常会使出最后一招：“是驴是马牵出来遛遛”，你们说好，那就拿出证据来；只有当一切都证明你说的是真实的、可信的，我才会把钱掏出来。

案例

刚从事二手房中介工作的一段时间内，房地产经纪人小杨总是很苦恼：每次向客户推介房源时，自己都是实实在在的，可是客户却总是不太相信他，对他的推介总是抱有怀疑态度。

他把这个困惑告诉了店长。店长告诉他，客户不相信经纪人说的话很正常，就好比你去买衣服，导购和你说这衣服的布料有多好有多好，你是不是也经常抱有怀疑态度？但是呢，如果导购能拿出一些证据来证明，比如看衣服的吊牌，比如让客户亲手摸摸衣服，感受一下，你是不是会觉得导购说得有道理？

小杨恍然大悟。之后，他就开始非常注意收集一些对销售有利的相关信息。比如，看到报纸上有关二手房房市、房价等有利于销售的信息，都会剪下来或打印出来，粘在一个笔记本上。当客户对自己说的话有所怀疑时，就拿简报的内容给客户看，比如客户认为过段时间房价会跌，他就拿那近期二手房房价有上升趋势的报道给客户看，客户看到确有此事，就不再怀疑了，有的立马就做出购买决定了。

正所谓“事实胜于雄辩”，小小的“简报”要远比天花乱坠的描述更具说服力。事实上，可以用来作为房源特性、优点、利益等方面真实性的证明材料很多，比如，书、报、杂志等出版物上与房价、二手房有关的报道，专业部门、认证部门颁发的认证书、质检书等。客户当面见到这些证据后，购买的信心自然也就增强了。

上述这些证明材料可谓是我们的“销售小帮手”。为了使其真正发挥“帮手”作用，所有材料必须具有足够的客观性、权威性、可靠性、可证实性、可第三方获得性等一流证据的必要条件。这里需要注意两点：

第一，千万不要弄巧成拙、节外生枝，如果因为材料的可靠性问题导致客户对你的怀疑和不信任，就实在太冤枉了。

第二，要准备齐全即准备好“帮手”。在平时，我们就要多多收集这些“帮手”资料，并根据自己的情况来设计和制作销售工具。一个准备好了销售工具的房地产经纪人，一定能对客户提出的各种问题给予满意的回答，客户也会因此而信任并放心购买。

客　户：“区政府真的要搬到这边来？”

经纪人：“王先生，我是不会欺骗您的。您看，这是昨天的报纸，上面明确说明了该区域的详细规划。”

二、引用例证

实证比巧言更具有说服力，用事实证实一个道理比用道理去论述一件事情往往更能打动人。当客户对房地产经纪人的观点或说法有所怀疑时，与其拍着胸脯、拿着人格去做担保，还不如举一个相关的例子去证明，这样更容易说服客户。

榜样的力量是无穷的。当人们觉得某个人有威望时，就会相信他所做的决定、所买的产品。因此，如果你所引用的例证是那些影响力较大的人物或事件，客户对你的信任度就会更高。耐克、阿迪达斯之所以不惜花费重金聘请诸如科比、C 罗之类的大牌球星作为形象代言人，就是因为看到了“名人效应”给企业营销带来的种种好处。

此外，引用例证，不但可以为客户提供参考，加强客户的信任，而且还能帮助经纪人避免难堪的局面。因为，当你举出第三者的例子作为证明时，如果客户不同意你的观点，也就等于是不同意“第三者”的做法。

必须注意，你所引用的例证，必须是真人真事，而不能信口开河，胡乱编造例子。否则，一旦被客户发现，那么不但不能加强客户的信任，反而会给客户造成更坏的印象，让客户觉得你是在欺骗他，从此再也不信任你了。

经纪人：“这里真的可以读实验小学吗？”

客　户：“是的，没错。我的一个客户年初也在这个小区买了一套，就是边上25号楼1206室，他的小孩9月份刚入学，读实验小学1年级3班。”

三、不打马虎眼

向客户推介利益时，具体的细节往往会比笼统的说法更易打动客户。因为在客户真正购买并居住之前，所谓的利益都是抽象的、概念性的，不能“实践检验真理”。如果房地产经纪人在介绍中不能把这些利益用具体的、实在的、客户可明确感受到的语言描述出来，利益就不会变成吸引客户的因素。为此，在向客户推介利益时，房地产经纪人务必要做到“明确”和“具体”，不能打马虎眼。

1. 有把握

对于所提及的利益，房地产经纪人必须有十足的把握，而不能模棱两可。只有相信自己所说的，别人才可能相信。为此，你最好不要用那些诸如“可能”、“大概”、“应该”等含糊、不确定、没把握的语言去描述利益。比如：

在向客户介绍小区的绿化率时，你应该这样说：“这个小区的绿化率高达47%”，而不是说：“这个小区的绿化率大概为47%。”

前者能让客户感到兴奋，后者却会让客户充满疑问：真的有那么高的绿化率吗？

2. 提供数据

运用精确具体的数据说明问题，可以增强客户的信赖感。比如，当你告诉客户这套房源的实际面积要比产权面积大时，如果你不能把实际面积和产权面积的数据告诉客户，那么，客户是不会有这种感觉的，甚至会认为你是在欺骗他。而如果你能提供一些具体的数据去论证“实际面积比产权面积大”这个利益，你的解说就更加有力，比如：

“王小姐，您应该也感觉出来了吧？这套房子说是只有100平方米，但看起来却比其他同样面积的房子大好多。这是因为，这套房子当时是送了一个15平方米的入户花园，而这个入户花园是不计入产权面积的，所以这套房子的实际面积是115平方米……”

3. 反复强调

大家都有一种体会，一件事情，如果只和你说一次，你不一定记住；如果和你多说几次，你可能就记住了。同样，在向客户解说利益时，一次、两次，可能还不足以引起他的共鸣，但如果你三次、四次地反复强调，那他可能就会记住了。因此，对于一些重点利益，房地产经纪人在销售中应反复强调，以便加强客户的印象。

此外，即使客户已经知道购买这套房子可以得到的利益，房地产经纪人也必须将它说出来，而不能说因为客户知道了就不再陈述。这样做，可以强化客户的印象，因为客户虽然知道但并不代表他在当时就想到了。而且，很多时候，客户还没有被激发起兴趣的时候，他想到的更多的是缺陷，而不是利益。

正确应对示范

（一）

客　户：“这里真的可以读实验小学吗？”

经纪人：“是的，没错。我的一个客户年初刚买了一套，是3号楼的501，他的小孩今年9月份刚入学，读实验小学1年级3班。”

（二）

客　户：“区政府真的要搬到这边来？”

经纪人：“王先生，我是不会欺骗您的。您看，这是昨天的报纸，上面明确说明了该区域的详细规划。”

情景十三
我看过××花园的房子……

错误应对示范

1. 没关系，给客户全面分析比较各套房源的优劣势。

点评：分析比较是有必要的，不过要注意如何在比较中突出自身房源的优势，淡化劣势。

2. 大肆攻击其他竞争房源。

点评：攻击其他竞争房源，不但不会让客户觉得你所推介的房源好，反而会让客户失去对你的信任。

情景解析

在购买过程中，客户往往会“货比三家”。对比的情况是不可避免的，所以回避不是最好的办法。况且，利用对比，房地产经纪人可以将自己房源的优势更好地体现出来，打动客户。

一、不要攻击对手

在进行对比的时候，房地产经纪人不能以贬低竞争对手的方式来抬高自己。为了达到销售的目的而利用语言攻击竞争对手，是一种不正当的销售行为，这样做会直接影响到房地产经纪人的专业形象，甚至引起客户的反感。

其实，对于竞争对手的评价最能折射出房地产经纪人的素质和职业操守。真相是掩藏不住的，客户的眼睛是雪亮的，恶意攻击、贬低竞争对手并不能抬高你的身价，反而表明了你对竞争对手的嫉妒和害怕。即使客户暂时相信了你的话，但一旦发现事实的真相并非你所说的那样，他们就会对你的人品表示怀疑，对你彻底失去了信任和信心。

因此，当客户拿竞争对手作对比时，房地产经纪人最好保持客观公正的态度去正确评价竞争对手，既不隐藏其优势也不夸大其缺点，让客户从你的评价中既可以了解相关的信息，也可以感受到你的素质和修养。

二、夸赞你的对手

有时候，夸赞你的竞争对手也是赢得客户信任的一个好办法。当你夸赞竞争对手时，客户会为你的良好职业道德所感动，反而更加信任你、接受你。

有些房地产经纪人会认为，肯定对手不就把客户推向对手怀抱了吗？其实大可不必担心。如果客户内心真的认为竞争房源更好的话，那为何还找你看房呢？客户拿竞争房源比较，不过是要了解你的看法而已，而个人看法没有什么绝对的对与错，个人看法和观点完全取决于这个人了解和掌握信息量的多少，所以完全没必要与客户争执。

三、强调优势淡化缺点

不怕不识货，就怕货比货。拿自己的房源与其他房源作比较示范，可以让客户感觉到房源实实在在的品质，从而更容易接受。

世上没有十全十美的房子。即使再好的房子，也会存在着诸多缺陷与不足。当客户拿竞争对手来做比较时，只要客户的说法符合事实，那么与其和客户争辩还不如强调自己的优势，让客户对房源有一个充分的正确的认识。

正确应对示范

客　户：“我去看过 ×× 花园，他们报的价格比你们低得多啊。”

经纪人：“王先生，您说的话没错，他们的价格是比我们的低，但是我认为买房子不能单从价格方面来比较。首先，这里的地段绝对比他们好，这是靠湖的第一排，整个员当湖一览无疑，而 ×× 花园处在这个小区身后，他们是看不到整个员当湖的。”

（注：客户所说的竞争房源价格比我们低是没有错的，如果你直接反驳他，必然会招致客户的反感；但如果你通过比较双方价格差异的原因，就会让客户觉得物有所值，对房源的价格和价值有了一个新的认识。）

FANG DI CHAN
JING JI REN
ZHE YANG SHUO
ZHE YANG ZUO

第四章

处理异议情景演练

情景一
（这套房子）一般般吧，不怎么样

错误应对示范

1. 不会吧？这么好的房子还不喜欢？

点评： 这样反问会让客户觉得你很没有礼貌，而且有点讽刺的意味，不仅对化解异议没有任何帮助，而且容易引起客户的不满。

2. 哦，那我们去看看凯悦新城的那套？

点评： 连客户为什么不喜欢都不知道，看再多的房子也是白搭，因为不了解客户的需求，就无法引导客户，更无法说服客户。

3. 既然客户不喜欢，那就算了。

点评： 没有几个客户会直接告诉你说“这套很好，就这套了”。要知道，是你在做销售，而不是客户在做销售。

情景解析

当房地产经纪人询问客户“这套房子怎么样”时，有些客户就会随口说出“不怎么样”来。在这种情况下，房地产经纪人最重要的不是去想着如何应对客户的这个异议，而是首先需要了解客户到底为什么会说这套房子“不怎么样”，为什么会有这样的异议。

出于某些方面的考虑，在与房地产经纪人洽谈时，很多时候，客户并没有说出他真实的想法或者看法，甚至提出一个假的异议，寻找其他的借口或说辞来搪塞房地产经纪人。这时候，如果房地产经纪人不能确定客户真实的异议是什么，没有找出客户真正的反对理由，只是根据对方口头上的理由来处理，就好像“瞄目标射错靶”一样，恐怕努力了半天，时间也浪费了一大堆，最后的效果还是零。因此，当客户提出异议时，房地产经纪人首先必须了解对方“真正”拒绝的理由，洞悉其异议背后的“真相”。

其实，在房地产经纪人的字典中，有一句非常珍贵、价值无穷的话，就是“为什么？”作为房地产经纪人，你可不要轻易放弃这个利器，也不要过于自信，认为自己能猜出客户为什么会这样或为什么会那样，还是让客户自己说出来更为妥当。当你问为什么的时候，客户必然会做出以下反应：

（1）他必须回答自己提出反对意见的理由，说出自己内心的想法。

（2）他必须再次检视他提出的反对意见是否妥当。

此时，你能听到客户真实的反对原因，并明确地把握住反对的项目，从而也就能有较多的时间去思考如何处理客户的反对意见。

正确应对示范

（一）

经纪人：“郭先生，您觉得这套房子怎么样？”

客　户：“不怎么样。”

经纪人：“郭先生，您能具体告诉我在哪些方面不适合您吗？”

客　户：“嗯，别的还好吧，就是面积太大了，虽然单价不高，但由于面积大总价自然不低，我担心我的首付不够。”

经纪人：“哦，是这样的啊。郭先生，您能告诉我您能接受的首付是多少吗？”

客　户：“80 万元吧。”

经纪人：“您是第一套房吧？”

客　户：“是啊，怎么了？”

经纪人：“是这样，郭先生，现在首套房和二套房的首付比例不一样，首套房只需要首付 20% 就够了。而且，二手房按揭，是根据评估价来确定的，而不是成交价。您看这样可以吗？我们这边很多客户的按揭都是在光大银行做的，我现在给银行工作人员打个电话，看看这套房子能贷多少钱，然后我们再来考虑首付的问题，好吗？”

客　户：“嗯，这样最好不过了。”

（二）

经纪人：“严小姐，您觉得这套房子怎么样？”

客　户：“不怎么样，我觉得不是很合适。”

经纪人：“哦，为什么呢？”

客　户：“这里交通不是很方便。”

经纪人：“严小姐，刚刚我们才谈到，最近这里在修建地铁，再过三年地铁就通了。这个小区就在地铁边上，交通不成问题的。”

客　户：“这个我知道，但我还是觉得它不适合我。”

经纪人：“严小姐，我觉得除了交通这方面，您是不是还有其他顾虑？您能否和我说说看，我们一起看看什么样的房子更适合您？”

客　户：“我只是觉得这里的户型太大了，总价太高，这样压力就很大。”

经纪人：“嗯，严小姐，谢谢您如此坦诚。来……”

情景二
这里太偏了 / 交通不便利

错误应对示范

1. 不会吧，这个位置都叫偏，那您想要多繁华的地方？

点评：如此反问会让客户觉得你很没有礼貌，而且有点讽刺的意味，嘲笑客户不懂房地产，这样的应对不仅对化解异议没有任何帮助，而且容易引起客户的不满。

2. 不会啊，怎么会偏呢？其他客户都没这样说。

点评：如果位置确实比较偏，极力否认和掩饰都是没有用的，而且表示“其他客户没有这样说”，似乎有责怪客户的意思，暗示客户太过挑剔，容易引起客户的不满。

3. 正是因为位置比较偏，所以价格才会这么便宜。

点评：用价格优势来弱化位置偏这一劣势的做法没错，但是表述方式不对，直接承认位置偏这一缺陷，会给成交带来很大障碍。

情景解析

“地段、地段还是地段”，这是房地产业内的一句流行语，足以说明地段对于房产价值的重要性。要知道，地段的好与坏，直接影响着日后生活的便利程度以及房屋的升值潜力。有时候，处于同一街道的不同位置的小区，南边的房子就好卖，北边的房子就不好卖。

对于地段异议，其解决方法应该是引导客户去发现房源的其他卖点，给客户灌输现代的生活方式理念。此外，对于房源所处地段的劣势，房地产经纪人还要善于从另外一个角度去挖掘它的优势，比如对于较为偏僻的项目来说，就可以从未来市政规划及巨大升值潜力等角度去说明地段的价值。

需要注意的是，对于客户所提出的地段异议，如果情况属实，房地产经纪人千万不要牵强否定。这样会给客户不信任的感觉，毕竟地段不好，一般人都能感觉得出来的。其实，再好的房子也会有这样那样的缺点，有的缺点你不说购房者也会很快发现，所以房地产经纪人没有必要刻意隐瞒缺点。但是，对于如何说明缺点，也是非常重要的，如果不讲究技巧，就会造成更大的销售障碍。

对于如何解释房源存在的不足之处，主要是要学会避重就轻。这里所说的避重就轻，不是刻意隐瞒劣处或过分夸大好处，而是要学会采用“负正法”来抵消客户的不满。所谓的“负正法”，就是先说出房源的缺点，然后再根据这个缺点进行说明，以证明这个缺点并非不可弥补的。

负正法

所谓“负正法”，就是先说出产品的缺点，然后再根据这个缺点进行说明，以证明这个缺点并非不可弥补的，业内人士常用“虽然……但是……”句式来表达。

心理学家认为，在听话的过程中，人们更容易注意“但是”后面的内容。如果先说缺点再说优点，那么缺点会被缩小，反之则放大。因此，在推介房源时，需要记住这个公式：先说缺点再说优点等于优点，先说优点再说缺点等于缺点。比如：

说法一："虽然，这套房子面积小了一点，但是日照、风向条件都很好，可以说是冬暖夏凉。"

说法二："这套房子日照、风向条件都很好，冬暖夏凉，但是面积小了一点。"

以上两种说法，哪一种客户更容易接受呢？第一句是先介绍缺点，再说优点；第二句是先说优点，再说缺点。很显然，第一句更能让客户接受。

正确应对示范

（一）

客　户："这里离市区太远了。"

经纪人："是这样的，郭先生，可能您觉得距离市中心有一点远，但是现代社会衡量路程的远近，不是看距离的长短，关键是看一个道路的状况，交通的状况，说白了就是打一个时间差。举个最简单的例子：您从马西到城市广场，距离近吧，开慢一点也就是七八分钟路程。但是如果遇上红灯，车流堵车，那您30分钟也不一定能到。但是从我们这里到城市广场也不过就8分钟的时间。您也知道，仙岳路是双向六车道的，一路上都没有红灯，从城市广场过来可谓是一马平川。"

客　户："开车是快，不过这里终归不是市中心。"

经纪人："郭先生，很多客户到我们这里来买房，都是冲着环境来的，我想您也是一样的吧？之前都是有钱人住城里，现在却反过来了，有钱人住郊区，没钱人才住城里。为什么呢？因为郊区环境好，空气清新。在市中心，您能找到这么好的环境，这么低的价位吗？您看我们小区附近有美丽的南湖，文屏山，都是自然的风光带；至于人文环境更不用说了，××

大学、××学院、外国语中学都在边上。可以说，无论是自然环境，还是人文环境，这里都是一流的，可谓是人杰地灵。您住在这里，不光是拥有了高尚的住宅，优美的环境，更重要的是您拥有了健康的身体、舒适的生活。”

（二）

客　户：“这里太偏了，像乡下一样。”

经纪人：“是的，郭先生，这里目前是不如市中心繁华。不过，这是暂时的，再过几年象湖区政府就要搬到这里来了，很快就会繁华起来了。”

客　户：“说是要搬迁，可是到现在也没看到动静。”

经纪人：“郭先生，您放心，新罗区政府搬迁到这里已经是铁板钉钉的事了。您看，前两天的日报上还特意刊登了芦芝新区的规划方案。买房就是买预期，如果等到区政府搬迁过来了，这里发展繁荣起来了，房价就不是现在这个价格了。再说，新桥的未来海岸三年前谁都说远了，可今天怎样呢？当时的房价才每平方米8 000元多，现在呢，起码也得18 000元吧？郭先生，现在城市建设扩展多快，再过3年这里将是另一番景象，西园大桥建成通车，市中环线开通，我们与市中心的距离一下子就缩短了。到时，这里的房价肯定就像未来海岸一样成倍增长，现在不买到时后悔都来不及了。”

客　户：“可是这区政府搬迁也没那么快，现在这里还那么偏僻，起码最近两三年我们生活肯定是非常不方便的。”

经纪人：“这您就更不用担心了，我们在规划设计的时候已经充分考虑到这个问题了。您看，这里是我们规划的金山商业街，面积有1万多平方米，现在沃尔玛、家乐福都在和我们商谈入驻的问题了。”

情景三
周边环境不好/都是农民房/太杂了

错误应对示范

1. 这里是郊区，难免农民房会比较多，但是也不会很杂乱啊。

点评：这样的回答并没有消除客户的疑虑，客户还是认为“周边环境不好，太杂”，对于销售并没有任何帮助。

2. 我没听到有客户这么说过。

点评：如果房源的情况真是如此，那么这样的回答就是“睁眼说瞎话”，客户会相信吗？客户甚至会因此怀疑房地产经纪人的诚信问题，从而疑虑更多。

3. 要不是因为周边环境比较杂，那每平方米起码要多个2 000元以上了。

点评：这样的回答倒是很实在，不过也等于默认了客户“周边环境不好，太杂”的说法，客户的疑虑同样没有消除。

4. 这只是暂时的，这些农民房迟早要拆迁的。

点评：这样的回答同样是默认了客户“周边环境不好，太杂”的说法。至于说将来会拆迁，如果没有拿出具体证据来证明什么时候会拆迁，客户心里同样没底。

情景解析

在城市开发过程中，除非是新城，否则都是渐进式开发的。因此，有些小区，内部环境可能做得不错，但外部环境就不尽人意了。那么，当客户提出该项异议时，房地产经纪人该如何才能让客户满意呢？

买房要看周边环境，这是每位买房者都知道的常识。毕竟，买了房子就要在这里居住了，甚至可能会住上一辈子，如果环境不好，日后住在这里肯定会不舒服。就算是投资性购房的，如果周边环境不好，价格上不去，同样是无利可图。因此，当房源周边环境确实存在不足之处时，自然会对销售造成不利影响。

需要注意的是，房源的周边环境往往是客户非常直观就能看到的东西，是无法辩驳的事实。对此，房地产经纪人最好不要刻意隐瞒明显存在的缺陷。因为即使你不说，客户也是很容易就能得知的。比如，虽然目前房源拥有开阔的景观，但前面有一地盘已经在动工建设另一幢高层大楼，日后一定会遮挡住现有景观。那么在向客户推介时，房地产经纪人绝对不可以过分着力于夸大目前景观的“优点”了，一方面客户可能也知道附近正在建楼，你的刻意述说会使客户讥笑你没有市场消息，甚至怀疑你意图瞒骗，另一方面即使客户现在不知道，以后也肯定会知道的，那时客户就会追究起你的责任来。

其实，郊区房源虽然地段优势不明显，但是也有很多优势：一个最大的优势就是价格低，相对市区的房价显得很实惠，很多客户就是为了价格便宜才选择郊区；若是该郊区处于交通要道或者地理位置良好，有很大的发展潜力，非常适合投资；周边有众多的农民房，生活配套可以满足日常所需，且消费价格较低；郊区楼盘一般规模较大，小区内部配套齐全等。因此，房地产经纪人在向客户解释的时候，可以先询问客户是自住还是投资，再针对客户的不同购买目的，作不同的重点介绍。以自住客户为例，应向其介绍便捷的交通、实惠的房价、自成一体的小区规模、低价消费品等多种好处，当然还可以向客户灌输一些投资的想法，自住和投资两不误。

如果房源位于规划区内，几年内会大规模拆迁重建，那么这是一个说服客户的好理由。最好用一些生动的语言，向客户描述一下这里几年后的景象，如要建公园、高档小区、大型超市等，让客户产生美好的想象。

正确应对示范

（一）

（自住客户）

客　户：“小区环境是不错，可是边上都是农民房，太杂乱了。”

经纪人：“杨小姐，您放心，虽然现在边上都是农民房，但这种情况只是暂时的。这片区域属于新城规划区，未来5年里，边上的农民房都会拆掉重建，这里将成为一个新的住宅区，其他市政配套也会相应的完善。”

客　户：“真的？”

经纪人：“这个我怎么能骗您呢？前几天××报上都有报道，不信您可以回去查一查。而且正是因为旁边是农民房，所以它的价格也很低，每平方米才11 000元，现在市中心的房子怎么说也要2万多元了吧？算下来，这套房子足足能便宜百来万呢。”

客　户：“可是日常生活也不方便。”

经纪人：“杨小姐，这点您完全不用担心，这里生活其实非常方便，一点也不比市中心差。要知道，这里住了好几万人口呢，银行、超市、餐饮等样样具备。而且这里还有一点非常好，就是物价也比较便宜，生活花费这一块可以节省不少钱，非常经济实惠。”

（二）

（以投资为主的客户）

客　户：“小区环境是不错，可是边上都是农民房，太杂乱了。”

经纪人：“郭先生，您买房是打算投资，对吧？您也知道，买房投资最看重的就是房子将来的升值能力，这里虽然旁边都是农民房，但是现在到处在拆迁进行旧城改造，根据规划，5 年内这些农民房肯定都会拆迁的。您知道前埔的 ×× 花园吧，几年前和这里差不多，才 9 000 多元，可是现在呢，政府开发新区，房价涨到 16 000 元了。三五年时间就翻一倍，这种收益多可观啊。”

客　户：“那这里现在多少钱？”

经纪人：“每平方米 11 500 元，比市区便宜了七八千元。这套房子面积 120 平方米，总价足足便宜了百来万元啊。买来后您可以出租，租金就抵按揭款。几年后，房价涨了，您一转手，就是一笔很可观的收入。还有，您不必担心出租问题，像这样的房子，只要租金合理，可是有很多人喜欢的，最近就有不少客人问我这套房子要不要出租呢。”

情景四
这个朝向（朝北/朝西/东西向）不好

错误应对示范

1. 我们这是南方，朝北和朝南没什么差别的。

点评：你觉得没什么差别，可客户不一定会这么认为。而且不管怎么说，朝北和朝南肯定都是有区别的。如此轻描淡写的回答是无法消除客户的疑惑的。

2. 就是因为朝北/朝西/东西向，这套房子才会那么便宜。如果朝南/朝东/南北向，那价格可就不是这样的了，每平方米要贵好几百呢。

点评：说的虽然符合实际，也很在理，问题是这样的回答无法让客户满意。甚至，如果客户是个心思细密的人，还有可能会产生自己"买不起更贵更好的房子"被看不起的感觉。

3. 没关系，要不我们去看看另外一套朝南/朝东/南北向的房子吧。

点评：当客户一提出不喜欢，马上就选择放弃，这不是一个成功房地产经纪人的做法。对于客户的异议，首先要给予一定的正面回答；如果客户到最后还是不能接受，再为客户提供另外的选择。

情景解析

除了地段、户型等，朝向也是购房者重点考虑的一个关键因素。但是，由于地块、成本及规划设计等条件的限制，通常不可能每套房子都是坐北朝南的。在这种情况下，该如何应对客户“朝向不好”的异议呢？

通常认为，住宅朝向以正南最佳，东西次之，朝北最次。如果不受任何条件的限制，恐怕大部分人都会选择坐北朝南的户型。但是，南朝向的房屋真的适合任何人吗？答案是——不尽然。

出于土地和建筑的限制，不可能所有的户型朝向都如人所愿。当客户对朝向表明异议时，房地产经纪人不能直接予以反驳，而应首先对客户表示理解，然后再向客户讲解正确的购房理念，引导客户从其他方面（差价、采光、日照、通风、室外景观等）去综合考虑这套房子的利益，做出最适合自己的选择。应让客户认识到，朝向只是评价户型的其中一个因素，而不是全部因素。比如：

（1）好朝向的房价要高出不少。从一般的设计规律来讲，南朝向的房屋大都是户型最大、面积最大，每平方米单价最贵，在整层中总价最高的。在同一层楼房中，南北朝向的单价通常会相差300~500元/平方米，然而这么大的差价通常仅仅只是意味着购房者购买的是每天享受阳光时间的不同而已。

（2）好朝向不一定采光就好，因为有些朝南的户型前面刚好被绿植或高楼挡住，而其他朝向则是面前一片开阔，采光反而更好。

（3）好朝向不一定就通风最好，通风效果的好坏除了与朝向有关外，还与门、窗的方向和大小有关。

（4）好朝向不一定窗景（窗外的景观）最好。现代生活中，人们尤其是年轻人工作繁忙，白天较少有时间在家休息，再加上空调等各种家电的普及，对于日照等自然条件的要求已经有所减弱，而对优美景色的需求却在增强。大到山景、海景、河景、湖景，小到小区园林、水景，都会或多或少地影响着现代家居生活，因为好的景观会对心情起着重要的调节作用，这也是一些背向阳光、朝向景观的套型反而卖得好的原因。

在向客户灌输正确的购房理念后，如果客户对朝向异议不再那么强烈，房地产经纪人还应结合客户的实际情况，告诉客户这套房子为什么适合他，购买这套房子对他有什么好处。如此这般，才能让客户欣然接受。当然，“补偿法”在这时候也可以很好地派上用场。

正确应对示范

（一）

客　户：“这套朝北，不好。”

经纪人：“杨小姐，您的想法我能理解，由于观念的原因，大部分客户都不喜欢朝北的房子，而喜欢朝南的房子。其实，一套房子的好与不好，不能只看朝向的，还要综合考虑景观、楼层、采光、户型结构等方面。您觉得呢？”

客　户：“这是没错，可是我就觉得朝北的房子晒不到太阳，整天阴森森的。”

经纪人：“是的，如果整天晒不到太阳，那的确不舒服。不过，杨小姐，您放心，这套房子绝对不会晒不到太阳的。”

客　户：“不会吧，你是说这套房子晒得到太阳？”

经纪人：“是的，杨小姐。坐北朝南是公认的好朝向，但不一定是正南正北，不同的地方，房屋的最佳朝向存在一定差别，比如北京的最佳朝向在北部偏东 7°，有的城市甚至在北偏东 10° 才是最佳。因此，很多南北向房子的朝向并不是正南，而是会偏东或偏西一些角度。就我们这套房子来说，它也不是完全正北，确切地说，它是北偏西 20° 左右，过了中午到下午3:00之间太阳就会晒到这里面。”

客　户：“您不会骗我吧？”

经纪人：“杨小姐，您放心，这种事情骗不了的。昨天中午，我也带了一个客户来看房，当时阳光就晒到这里面来了，就是您现在所站的这个地方。如果您对这套房子的其他条件都还满意的话，等到中午的时候我再带您来看看，您不就清楚了吗？”

客　户：“哦，那好，中午我再来看看。”

（二）

客　户：“朝西，西晒，不好。”

经纪人：“是的，朝西的房子确实存在西晒这个不足之处。杨小姐，那您觉得这套西晒的与刚才我们看的××花园4楼的那套比，哪套房子综合条件会更好些？”

客　户：“××花园4楼的那套朝东，朝向不错，就是户型结构不太好，太浪费面积了；这套呢，户型是很紧凑，但就是会西晒。”

经纪人：“嗯，是的。所以说，世上没有十全十美的房子，任何一套房子都有它的不足，关键是看您更在意哪一方面了。其实，一套房子的好与不好，不能只看朝向的，还要综合考虑景观、楼层、采光、户型结构等方面。您觉得呢？”

客　户：“这是没错，可是我就觉得朝西的房子，夏天会很热。”

经纪人：“是的，单就这方面来看，西晒的房子夏天确实比较热。不过据我所知，就广州的天气来说，在夏天，即使是朝东或朝南的房子，大家都还是要开空调的，不开空调根本没法入睡。另外，研究证明，所谓的西晒只是夏天下午2点到4点之间那一段时间阳光比较强烈。可是，太阳升起时您已上班了，下午2点到4点您还没有回家。所以，单纯西晒这问题，对平时生活影响不是很大。还有，这个楼盘采用的是空心节能保温砖、双层中空玻璃，再加上家家户户都必备的空调，也足以阻挡西下斜阳那点微弱的热度了。”

客　户：“话是这么说没错，可是这个价格，买朝东的房子也够了吧！”

经纪人：“嗯，看来归根结底还是价格的问题。杨小姐，您过来这边看看，这套房子是不是可以看到城市广场、看到湖？”

客　户：“嗯，景观是不错。”

经纪人：“杨小姐，这就是了，任何事情都不可能十全十美，有所得必有所失。这套房子是朝西，可是它的景观要比朝东的更好。这就看您更注重哪一方面了。现在人尤其是您这样的年轻人工作繁忙，白天较少有时间在家休息，再加上空调等各种家电的普及，对于日照等自然条件的要求已经有所减弱，而对优美景色的需求却在增强。窗外景观环境的好坏，已成为评价居住区质量的一个重要标准，谁也不希望开门开窗就看到乱糟糟的景象。”

客　户：“那倒也是。我现在住的那套房子虽说朝南，但景观比朝北的都要差。”

经纪人：“是啊，杨小姐，虽然这个户型是朝西的，但由于它可以看到美景，所以卖得比朝东的那个户型还要快。而且这套房子价格又比较便宜，节省下来的钱可以做更好的装修、买更好的家具和电器，非常划算的。”

（三）

客　户：“东西向，不好。”

经纪人：“杨小姐，您为什么会认为东西向的不好呢？”

客　户：“别的不说，单西晒这个问题，就足够让人头疼了。”

经纪人：“是的，西晒这个问题的确大家都害怕。不过据我所知，就广州的天气来说，在夏天，即使是朝东或朝南的房子，大家都还是要开空调的，不开空调根本没法入睡。另外，研究证明，所谓的西晒只是夏天下午2点到4点之间那一段时间阳光比较强烈。可是，太阳升起时您已上班了，下午2点到4点您还没有回家。而且，您看，我们这套房子只有厨房和卫生间是朝西的，就算是有西晒，也只是晒着了厨房，可是您一年又有几天在下午2点到4点之间做饭呢？所以，单纯西晒这问题，对平时生活影响不是很大。还有，这个楼盘采用的是空心节能保温砖、双层中空玻璃，再加上家家户户都必备的空调，也足以阻挡西下斜阳那点微弱的热度了。”

客　户：“这话是没错，可是我还是觉得东西向的房子就是没有南北向的好。”

经纪人：“是的，杨小姐，如果其他条件相同，南北向的房子的确是比东西向的好。不过，如果结合这套房子的情况，我倒觉得东西向不见得不好。”

客　户：“哦，为什么这么说呢？”

经纪人：“杨小姐，一套房子的好与不好，不能只看朝向的，还要综合考虑景观、楼层、采光、户型结构等方面。您觉得呢？”

客　户：“是没错。”

经纪人：“杨小姐，您看，这套房子虽然是东西向的，但它是不是刚好面对中庭？如果是南北向的，它可就看不到中庭了。这就是我们开发商在设计户型的时候所考虑的，因为好的景观会对心情起着重要的调节作用。现在，窗外景观环境的好坏，已成为评价居住区质量的一个重要标准，谁也不希望开门开窗就看到乱糟糟的景象。”

客　户：“嗯，那倒也是。”

经纪人：“上次有个客户来看了11楼的这种户型，刚开始也觉得东西向的不好。后来，他带来的一个朋友，可能是懂风水吧，对他说，向东的房子最先见到太阳，大有前途无限光明的希望，而朝西的房子有‘赚钱无人知’的意义。听了这话，他二话不说就买了。”

客　户：“哦，我也听过这种说法。算了，要买套十全十美的房子是不可能的。那就这套吧。”

情景五
我不想买这样的楼层（高楼层/中楼层/低楼层）

错误应对示范

1. 不会啊，很多人都喜欢买这样不高又不低的楼层呢。

点评：这样的回答会让客户觉得不爽，难道我比较另类？难道别人买什么我就要买什么吗？甚至，会让客户觉得你在信口开河，其实是很多客户都不愿买这样的楼层。

2. 您错了，中间楼层/高楼层其实是最好的。

点评：这样的回答，太不给客户留面子，会让客户感觉到你太傲慢，看不起他。

3. 那您的意思是想要低一点/高一点的楼层？

点评：没有想着去说服客户，也不问客户是因为什么不想要这样的楼层。如此轻易就顺着客户的思路走，只会给自己的销售带来诸多麻烦。

情景解析

青菜萝卜各有所爱，有些人喜欢住高层，有些人喜欢住低层。当客户的条件得不到满足时，自然会提出异议。而且，有时候即使客户并不是在意这个问题，为了在谈判中占据有利地位，客户也可能会拿这些小问题出来做挡箭牌。那么，对于这些问题，房地产经纪人该如何处理呢？

每层楼都有自己的小气候。楼层不同，对居住者的生活影响也不同。同一套户型，所在的楼层不一样，居住的感觉也会有所不同。

事实上，每个客户的喜好不一样，每个客户的情况也不一样，没有哪个楼层绝对最好的说法。房地产经纪人应站在客户的角度上，根据客户的实际情况，引导客户选择最适合他的楼层。当然了，关键还在于房地产经纪人的技巧运用，因为每个楼层都有它的优势，如何把这些优势准确传达给客户，让客户接受，才是最重要的。

一、多层中哪层最好

1. 一、二楼较好，因为楼层比较低，如有孩子和老人，有利于出行与活动，更因为人员走动较大，生活安全系数较高；

2. 三、四楼较好，一直以来都有着“金三银四”的说法，采光好、安全、安静、整洁，既避免了一、二楼低楼层的潮湿，也避免了五、六层的爬楼累的问题，兼备了高低楼层的各项优势。

3. 五、六楼较好，采光好，通风好，景观好，没有视线阻碍，价位也较低，因为在顶层，而没有被人踩在脚下的感觉，并且楼层靠近平台，可自由选择使用方式，或种花草，或喂养鸽子等宠物。

二、高层哪层最好

1. 低的楼层比较好，因为楼层低的话，可以当做多层来居住，这样也符合客户以前的居住习惯，而且在高层中楼层低的话相对价格也是最低的，这样一来升值潜力和投资潜力都有最大的优势，加上有电梯的使用，如此一来，相当于居住在一幢配备了电梯的多层住宅中，生活档次就提高了。

2. 中间的楼层比较好，景观、通风及采光都较好，同时避免了低楼层的吵闹以及采光遮挡的缺点，也避免了高层有尘土、噪音滞留层的污染，价格适中，处于中间位置的话使用电梯也比较方便。

3. 高的楼层比较好，采光最好，通风最好，既然客户选择的是高层，那么对于景观应是比较注重的，而高的楼层没有视线阻碍，视野开阔，景观是最好的。同时配备了很好的品牌电梯，到顶楼的时间不会超过用步行上多层六楼的时间，比较方便。另外，高层对于人的信心、精神状态的培养也是一个绝佳的环境。

正确应对示范

（一）

客　户：“二楼太低了，我还是喜欢住高点的。”

经纪人：“嗯，大姐，每个人喜好都不一样，有些人喜欢住高楼层，有些人喜欢住低楼层。不过，根据您的情况，我觉得这套二楼的还是非常适合你们的。”

客　户：“哦，怎么说？”

经纪人：“刚才您说，到时您父母也要来和你们一起住，是吧？”

客　户：“是的。可是这里有电梯，住高层对老人也没什么区别吧？”

经纪人：“大姐，是这样的，虽然说带电梯，老人也不用爬楼，影响不大。不过，老人居住最讲究的是生活便利性，而从生活便利度来说，虽然配备有电梯，但低楼层一般还是要比高楼层更为方便。而且，电梯并不适合所有人，通常人们在坐电梯的时候都会有失重的感觉，尤其是乘坐高速电梯下楼时，会觉得心被悬在半空中，当电梯停下来的时候，又有‘一块石头落地’的感觉。而且，楼层越高，价格也越高，基本上每高一层一平米就要多 150 元呢。”

客　户：“嗯，这也是。”

（二）

客　户：“这套房子没有电梯，楼层又这么高。”

经纪人：“是的，的确是有点高。不过，南方的天气比较潮湿，楼层高正好可以帮助空气流通，降低湿度。而且房子里的光线也会比较好。您这么年轻，其实每天走走楼梯当做锻炼身体，也是很不错的。”

客　户：“爬楼梯，夏天回到家都一身汗，今天才20度，我都流汗了。”

经纪人：“哦，您比较怕热是吧。没有电梯是比较不方便，但是相对于电梯房，我们这里的价格便宜多了。就前面那个欣悦花园，就因为是电梯房，每平方米就要19 000元，足足比这里高了1 000多元。还有物业管理费，比这里贵了上百元，1年下来可是笔不小的开支。”

客　户：“那也是。”

情景六
靠近马路 / 铁路 / 飞机场 / 广场，太吵了

错误应对示范

1. 只是白天比较吵，晚上就不会了。

点评：这样的解释缺乏足够的说服力，同时又向客户承认了这里白天比较吵，照样会影响到客户的生活作息。

2. 这条路车辆不是很多，不会很吵。

点评：这样说的一个前提条件是这条路车辆确实不多，如果情况不属实，客户经过查证之后发现了，会认为你有意欺骗，对你失去信任。

3. 不会一直很吵的，只是偶尔。

点评：这种说法同样缺乏足够的说服力，而且直接承认了客户所提出来的缺陷，更加肯定了客户“太吵了”这个看法。

4. 虽然比较吵，但是价格比较便宜。

点评：这是用负正法来帮助客户分清主次，但是环境吵闹这个缺点是可以通过一些措施来补救的，最好要教客户如何才会降低噪音，这样一来该缺点就不是个大问题。

情景解析

靠近马路、铁路等地方的房源，大部分客户的第一反应都是怕很吵，影响自己的正常生活。应该说，靠近马路、铁路等地方的房子相对小区内侧的房子来说必然会有一些噪音，对此房地产经纪人不需要极力否认，而是要有技巧地承认并且说服客户相信这不是无法解决的缺陷。

首先要告诉客户，这个缺点只要通过一些小小的改造措施就能补救，比如只要安装一个双层隔音玻璃（最好向客户推荐一些有较强隔音功能的玻璃窗），把窗户一关，就可以把大部分噪音挡在窗外，再也不用为噪音而烦恼。如果马路边上有绿化，也可以作为说服客户的工具，向客户表示绿化有降低噪音的功能。

其次，利用负正法来帮客户分清主次。靠近马路的房子当然价格也比较低，通常比同样户型向小区内侧的房子便宜好几万元。而且视野比较开阔，采光性相对来说也比较好。在向客户分析的时候，最好用具体的数字来刺激客户，比如内侧的房子每平方米22 000元，这一套只要21 000元，以100平方米的面积来计算，足足可以省下20万元。如果客户是打算投资，那么更要着重强调价格优势，以低价取胜。

正确应对示范

（一）

（自住的客户）

客　户：“马路第一排，太吵了。”

经纪人：“张小姐，其实这条路的车流量不大，也不会有大型车经过，我们平时都在公司上班，晚上回来的时候就安静了很多。如果您还是怕吵，我建议您安装一个双层隔音玻璃，我一个客户也买了一套靠近马路的房子，他在装修的时候请师傅安装了这样一个玻璃，窗户一关，就基本上听不到外面的噪音了。”（告诉客户这个缺点是可以补救的）

客　户：“能行吗？”

经纪人：“没问题的，我可以问一下那位客户，看他装的是哪种隔音玻璃。而且，您也发现了，在这个小区里，这栋楼的房价要低好多，每平米低了2 000元，一套就便宜了20多万元，非常划算的。况且，这套房子还在16楼，视野也非常好，采光也一流，总的来说，性价比还是非常高的。”（用其他优点来弱化缺点）

（二）

（投资的客户）

客　户：“这套房子就在马路边上，太吵了。”

经纪人：“张小姐，刚才您说您是想买来出租，那么这套房子是再适合不过了。正因为路边比较吵，所以价格也很低，每平米比小区内侧的房子低了300元，按100平方米的总面积来说，您足足省下了3万元，经济实惠何乐而不为呢？”（强调价格优势）

客　户：“出租的人嫌吵怎么办？”

经纪人：“这个您不用担心，只要安装一个双层隔音玻璃，让他们把窗户一关就可以了。租房子和自住不同，只要您的价钱开得合理，不会在意这么多问题的。您以这么低的价钱买进来，出租个几年，等房价涨了，您一转手就是一笔很可观的收益。”（再次强调价格优势）

情景七
小区配套设施太少了，生活不够便利

错误应对示范

1.“不会啊，怎么会少呢？活动和休息场所都有。”

点评： 这无异于客户想要一份燕窝你却端来一碗粉条，说反正看起来差不多，吃起来也差不多一样，缺乏应有的说服力无法化解客户的异议。

2.“你想要什么配套啊？”

点评： 这种反问句容易让语气僵硬，很容易让客户反感，认为你的服务态度恶劣。

3.“和其他同档次的小区比，这里的配套算是不错了。”

点评： 这样的回答，等于默认了客户“配套设施少”的异议，还是没能解决问题。

情景解析

如今，人们对生活品质的要求日益提高，购房者对小区配套服务设施建设的要求也越来越高。配套设施已成为客户购买商品房的一个重要衡量因素，但实际上，并不是每个小区都有完善的配套设施。当客户就此提出异议，房地产经纪人要怎么化解呢？

对于配套设施的衡量，购房者的认识是越全越好、档次越高越好。一般来说，配套设施是指与小区住宅规模或者人口规模相对应的配套建设的公共服务设施、道路和公共绿地的总称。但是在目前的房产市场环境下，很少有小区能全部达到齐全的配套，尤其是公共服务设施更难实现，这是一个不争的事实。

公共服务设施

第一类是与基本居住有关的各种公用管线以及设施，包括水、电、天然气、有线电视、电话、宽带网络、供暖、雨水处理、污水处理等，这些设施保障基本居住需求的满足；

第二类是与家庭生活需求有关的各种公共设施，包括教育、医疗卫生、文化体育、商业服务、金融邮电、社区服务、行政管理等设施，这些设施是对基本居住需求之上的更高生活需求的满足。

因此，如果房源这一缺点事实存在，那么房地产经纪人可以采用“负正法”来应对。用房源所具备的优势、特色、个性等进行重点介绍，掩盖或者弱化配套设施不完善这一缺点。比如房源的价格相较其他小区来说有优势，房地产经纪人就要着重强调房源的性价比，这一招对于看重价格便宜的上班一族最有效。又或者房源所在的区位有很大的发展前景，则可以把房源所处区位与城市发展结合起来，提升房源未来的升值潜力和价值。

正确应对示范

客　户：“这个小区配套设施太少了，生活不够便利。”

经纪人：“是这样的，郭先生，因为这个小区的定位就是经济型住宅，以经济、实用为主。当初开盘的时候，开发商就是标榜自己把钱花在刀刃上，注重的是房源的建筑质量，因此在配套设施上的建设也就有所减少。这样一来，受益的就是买房的人了，开发商节约的成本直接反映在房价上，在同等规模的小区里，这里的价格是最低的。当时吸引了非常多的人，开盘不到两个月就卖出了七成。”

客　户：“这套每平方米多少钱？”

经纪人：“16 000元。业主因为公司资金周转不灵，所以急着把这套房子转手，开的价格也很低。以这种条件的装修来看，这个价很合理。”

客　户：“那我平时要跑步打球不是没地方去了？”

经纪人：“其实这点您不用太担心，虽然小区里面没有足够大的活动场所，您可以到附近运动。距离这里500米左右有一个公园，您可以在那儿跑步锻炼。傍晚吃完饭后走到那儿散散步，呼吸一下新鲜空气，也是个不错的选择。”

情景八
房源存在某些明显缺陷，怕说出来会影响客户购买

错误应对示范

1. 光说优点，不谈缺点。

点评：对于一些房源明显存在的缺陷，即使房地产经纪人什么都不说，客户也很快就能发现，到时就会觉得房地产经纪人不够诚实，降低对你的信任度。

2. 实话实说，让客户自己选择判断。

点评：实话实说是诚实，可是话要巧说，否则只能降低客户对房源的兴趣度，毕竟谁也不想买一套存在缺陷的房子。

情景解析

十全十美的房子是不存在的，任何房源都或多或少地存在一些不足之处，甚至有些缺陷还是很明显的。在这种情况下，是该对客户实话实说，还是避而不谈呢？

在推介房源的时候，有些房地产经纪人会为了尽可能地提升销售业绩，获取更多的利润，而极力夸大房源的优点，对它的一些缺点却避而

不谈，甚至想“瞒天过海”，欺骗客户，编造一些并不存在的优点。有时候，碰到客户自己提出来房源的某些缺点，即使这些缺点是事实存在的，他们也会矢口否认。

一、诚实是最好的销售策略

切·格瓦拉说：“任何与事实不符的语言都没有任何实际意义。”而且要知道，世界上没有不透风的墙，真相是藏不住的。如果客户对房子有一些了解，或者本身就是一名房地产专业人士，一旦发现你所阐述的漏洞，必然会对你的服务态度和职业道德产生怀疑，甚至不再信任继而取消购买意向。

二、主动说出不足之处

世界上没有十全十美的房子，任何房子都存在一定的缺陷，这些缺陷可能会使我们房地产经纪人的工作陷入困境。多数时候，它是我们房地产经纪人销售失败的罪魁祸首，所以大多数房地产经纪人在销售时往往都会刻意避免提到这些缺陷。

这的确符合人的思维方式，可实际情况是，只讲优点也不一定能成功。在向客户推介的过程中，一味地说房源有什么好什么好的，但却闭口不谈有什么缺点，有时候反而会给客户带来不信任的感觉，毕竟任何一套再好的房子也存在一定的缺点，有的缺点你不说客户也会很快发现。与其等着客户发现，不如主动说出来。

三、实话也要巧说

的确，在推介过程中如实地说出房源的优缺点，可以获取客户的信任，但在这里需要强调的是——说实话也是需要讲究技巧的。有时候，尽管你向客户所阐述的都是关于房源的真实信息，但是客户仍然会怀疑你所说的真实性；还有一些时候，当你冒冒失失地将房源的某些缺陷告诉客户的时候，客户会因为接受不了这些缺陷而放弃购买。

因此，即使是说实话，也要讲究一定的技巧。掌握一定的技巧，不仅可以使客户对你更加信赖，而且还可以有效地说服客户，使客户产生更加积极的反应。为此，在主动提及不足之处时，必须采用正确的方式，首先就是要注意学会“避重就轻”。

这里所说的“避重就轻”，并不是要你去刻意隐瞒房源的缺陷或过分夸大房源的优点，而是要你学会采用“负正法”来抵消客户的不满态度。所谓的“负正法”，就是先说出产品的缺点，然后再根据这个缺点进行说明，以证明这个缺点并非不可弥补的。

负正法

先说缺点再说优点等于优点，先说优点再说缺点等于缺点。即：

优点→缺点＝缺点

缺点→优点＝优点

很多时候，我们在说话时都是先说好的，再说不好的；但是，“负正法”却恰恰相反，它是先说不好的，再说好的。我们来比较一下，看看哪种方法对我们的销售更为有利：

说法1：虽然这套房子有点贵，但是赠送了15平方米的入户花园，等于这套户型的实际面积达到了108平方米……

说法2：这套房子赠送了15平方米的入户花园，实际面积达到了108平米，所以会有点贵……

如果你是一名购房者，更容易接受哪句话呢？简单来说，第一句先苦后甜，第二句先甜后苦。很显然，一般人都选择先苦后甜。就跟先喝药再吃糖一样，你见过先吃糖再喝药的人吗？这是为什么呢？

心理学家认为，在听话的过程中，人们更容易注意“但是”后面的内容。如果先说缺点再说优点，那么缺点会被缩小，反之则被放大。因此，在推介房源时，我们需要记住这个公式：先说缺点再说优点等于优点，先说优点再说缺点等于缺点。

正确应对示范

经纪人：“郭先生，虽然这套房子面积小了一点，但是日照、风向条件都很好，可以说是冬暖夏凉。”

客　户：“嗯，光线确实很好。前几天去看了××小区的一套房子，明明晒不到太阳，那房地产经纪人还一直说完全没有问题。”

错误应对示范

经纪人：“郭先生，这套房子日照、风向条件都很好，冬暖夏凉，只是面积小了一点。”

客　户：“算了，太小了，住起来不舒服。”

情景九
客户所提出的房源不足之处确实存在

错误应对示范

1. 这没办法，每套房子都不可能是十全十美的。

点评： 话是没错，没有一套房子是十全十美的。问题是，你这样的回答等于强化了客户对于房源不足之处的看法，从而对客户的购买决策造成负面影响。

2. 与客户争辩，不能让客户觉得这些缺陷确实存在。

点评： 既然这些不足之处确实存在，你还与客户争辩，不是狡辩是什么？这样只会让客户对你的诚信产生怀疑，而不会改变客户的看法。

情景解析

对于房源所存在的一些不足之处，客户自己提出来了，这时候该怎么办呢？承认这些不足吧，担心客户会就此取消购买意向；不承认吧，又担心客户会说我们不够诚实。

所谓“补偿法”，就是指当客户提出的异议有事实依据时，你应该承认并欣然接受，强行否认事实是不明智的举动。明智的做法是，先肯定确实存在的缺点，然后淡化处理，利用房源的其他优点来补偿甚至抵消这些缺点。

需要注意的是，如果客户的反对意见正好切中了房源存在的缺陷，你必须给客户一些补偿，引导客户从房源的优势方面来考虑问题，使客户取得心理上的平衡，也就是让他产生一种感觉："房源的优点对他来说是重要的，房源不具备的优点对其而言是相对较不重要的，房源的价格和价值是一致的。"

补偿法的使用范围广泛，效果也很实际，关键是要把握房源的优点和利益。例如艾维士一句有名的广告"我们是第二位，因此我们更努力"其实也是一种补偿法。

正确应对示范

（一）

客　户："书房小了点。"

经纪人："是的，郭先生，这书房确实不是很大。因为这是一套小三房，如果书房的面积再大，就只能牺牲客厅和主卧的面积了。"

（二）

客　户："别的还行，就是朝西不太好。"

经纪人："嗯，王先生，朝西确实没有朝南好。如果是朝南，每平方米最少要加1 000元，像这样的房子总价就要多十几万元了。"

情景十
客户所提出来的意见或看法是错误的

错误应对示范

1. 直接反驳客户。

点评：除非是对销售或客户购买决策有重大影响的“不实之言”，否则不要随便直接反驳客户，那样会让客户感觉没面子，甚至会激怒客户。

2. 对客户的错误意见或看法不予理睬。

点评：即使客户所提出的意见或看法是不对的，房地产经纪人也不能不予理睬，否则就等于是默认了客户的错误意见或看法。

情景解析

房地产经纪人有销售的技巧，客户在购房时为了获取更多的优惠或使自己在谈判时占据有利的地位，通常也会运用一定的技巧，也有他自己的“秘诀”。因此，在向客户推介房源的时候，我们经常可以看到有些客户会有意无意地提出一些房源本身不存在的缺陷。面对客户的这些“不实之言”，房地产经纪人该如何应对呢？

有一句话说："客户永远是对的；如果客户错了，请参照第一句。"为此，在"上帝"面前，无论客户的意见是对是错、是深刻还是幼稚，你都要表示对他的尊重，绝对不能表现出轻视的样子，如不耐烦、轻蔑、走神、东张西望、绷着脸、耷拉着头等。相反，你要双眼正视客户，面部略带微笑，表现出全神贯注的样子。同时，你也不能语气生硬地对客户说："您错了"、"连这您也不懂"，不能显得比客户知道得更多，如"让我给您解释一下……"、"您没搞懂我说的意思，我是说……"，因为这些说法是明显地抬高自己，贬低客户，会挫伤客户的自尊心。

当客户提出的意见或看法是错误的时候，房地产经纪人应该根据不同的情况，运用不同的方法进行处理。

一、间接否认法

所谓"间接否认法"，是指在客户提出异议后，房地产经纪人先给予肯定，然后再说出自己的观点或意见，以避免和客户发生正面冲突。

人有一个通性，就是不管有理没理，当自己的意见被别人直接反驳时，内心总是不痛快的，甚至会被激怒，尤其是遭到一位素昧平生的房地产经纪人正面反驳的时候。所以，屡次正面反驳客户，会使客户恼羞成怒的，就算你说得都对，也没有恶意，还是会引起客户的反感。因此，运用间接否认法可以缓和客户的对立情绪。

间接否认法通常采用"是的……如果……"的句式。其实，"是的……如果……"是源自"是的……但是……"的句法，只是"但是"的字眼在转折时过于强烈，很容易让客户感觉到你说的"是的"并没有包含多大诚意，因为你强调的是"但是"后面的诉求。因此，在表达不同意见时，尽量利用"是的……如果"的句法，软化不同意见。用"是的"表示肯定客户的意见，用"如果"表达是否另一种状况比较好（即说出你自己的观点）。

请比较下面的两种说法，感觉是否有天壤之别。

A:“您根本没了解我的意见，因为状况是这样的……”

B:“平心而论，在一般的状况下，您说得都非常正确，如果状况变成这样，您看我们是不是应该……”

A:“您的想法不正确，因为……”

B:“您有这样的想法，一点也没错，当我第一次听到时，我的想法和您完全一样，可是如果我们做进一步的了解后……”

养成了用B的方式表达您不同的意见，你将受益无穷。

二、直接反驳法

所谓“直接反驳法”，是指当客户提出异议时，房地产经纪人就直截了当地予以否定和纠正。如果运用得好，直接反驳可以增强客户的购买信心，可以给客户一个简单明了不容置疑的解答。

按照常理，在销售活动中直接反驳客户的异议是不明智的，因为直接反驳客户容易引起争辩，可能会给客户心理增加压力，甚至会激怒客户而导致销售失败。如果因为直接反驳而使客户感到自尊心受伤害，那么，即使房子再好，客户也会拒绝购买。另外，如果措词使用不当，会破坏销售气氛以及双方的情绪，从而使你的销售活动在客户原有异议之外又增加了新的障碍。

因此，直接反驳法仅用于客户提出的反对意见明显不正确的情况下。在有些情况下，你确实必须直接反驳以纠正客户不正确的观点。比如：客户对企业的服务、诚信有所怀疑或客户引用的资料不正确等情况。出现上面两种状况时，你必须直接给予反驳，而不能坐视不理。因为如果客户对你以及企业的服务、诚信有所怀疑，成交的机会几乎可以说是零。这个道理很简单，如果保险企业的理赔诚信被怀疑，你会去向这家企业投保吗？如果客户引用的资料不正确，而你能以正确的资料佐证你的说法，那么客户一般会接受你的反驳，并且可能会对你更信任。

无论如何，直接反驳客户异议毕竟是与客户的正面交锋。为了避免激化矛盾，产生不良影响，房地产经纪人必须注意以下几点：

（1）不可滥用。直接反驳法只适用处理因为客户无知、误解、成见、信息不足而引起的有效异议，不适用于处理无关与无效异议，不适用于处理因情绪或性格问题引起的异议。对固执己见、气量狭小的客户也最好不要使用这种方法，否则容易引起这类型客户的反感及抵触心理，认为你是不尊重他，从而产生争执。

（2）态度友好。为了避免触怒客户或引起客户的不快，房地产经纪人在反驳客户时，应始终保持友好诚恳的态度，面带微笑，注意语言技巧和选词用语，切勿动怒责备客户。即使客户是因为无知或者有意提出异议，你也只能对事不对人，反驳看法而不是客户的人格，以免冒犯客户甚至是伤害客户自尊。

（3）有理有据。用以反驳客户异议的根据必须是合理的、科学的，而且是有据可查、有证可见的。在反驳客户异议的过程中，房地产经纪人应首先明确指出客户的异议内容，明确异议性质与根源，然后，由浅到深摆出事实、证据和理由，依靠事实与逻辑的力量说服客户。

正确应对示范

客　户：“这套房子你们的报价好像比别人高好多，是不是你们中介在吃差价啊。”

经纪人：“郭先生，房子的价钱是房东定的，您要不相信的话我们可以把房东约出来当面谈。但是呢，为了不让我难做，前提是您对房子真的感兴趣，真是有诚意同人家谈。”

情景十一
客户总是横挑鼻子竖挑眼 / 态度不好

错误应对示范

1. 与客户针锋相对，绝不退让。

点评：这样势必会引起争吵，从而使客户对房地产经纪人产生不满。何况，房地产经纪人与客户争吵，得到好处的永远不可能是房地产经纪人。

2. 放弃，不再接待这个客户。

点评：轻易放弃一个客户，等于轻易放弃一个销售机会。如此，又怎么能提升自己的销售业绩呢？

情景解析

在与客户的交往中，经常会出现磕磕碰碰的情况，有时确实是客户横挑鼻子竖挑眼，但是如果这时候房地产经纪人也是脾气暴躁，心胸狭窄，势必会影响到销售活动的顺利进行。聪明的房地产经纪人往往善于给客户一个“台阶”，让对方恢复心理平衡，这样既能赢得客户，也平息了双方的矛盾。

有一句销售行话说得好：“占争论的便宜越多，吃销售的亏越大。”不管客户如何批评，房地产经纪人都不能与客户争辩，因为，争辩不是说服客户的好方法。正如一位哲人所说："你无法凭争辩去说服一个人喜欢啤酒。"与客户争辩，失败的永远是房地产经纪人。

实际工作中，房地产经纪人最容易在处理异议时陷入与客户的争论中，这种可能性与洽谈的其他时候相比要大得多。因此，在处理异议时，房地产经纪人应时刻提醒自己尽量避免争论，不管客户如何激烈地反驳你，不管他的话语如何与你激烈地针锋相对，想和你吵架，你也不要争论。宁可在争论时输给客户，也要把单签下来，这才是真理。

与客户沟通九忌

一忌争辩

房地产经纪人与客户沟通，是为了推介房源，而不是参加辩论会，要知道与客户争辩解决不了任何问题，只会招致客户的反感。

房地产经纪人首先要理解客户对房子有不同的认识和见解，容许人家讲话，发表不同的意见；如果你刻意地去和客户发生激烈的争论，即使你占了上风，赢得了胜利，把客户驳得哑口无言、体无完肤、面红耳赤、无地自容，你快活了、高兴了，但您得到的是什么呢？是失去了客户、丢掉了生意。

二忌质问

房地产经纪人与客户沟通时，要理解并尊重客户的思想与观点，要知道人各有志不能强求，他买房子，说明他有钱并有保险意识；他不买房子，说明他有原因，切不可采取质问的方式与客户谈话。如有些房地产经纪人用诸如"你为什么不"、"你凭什么不"之类的话语等。用质问或者审讯的口气与客户谈话，是房地产经纪人不懂礼貌的表现，是不尊重人的反映，是最伤害客户的感情和自尊心的。

三忌命令

房地产经纪人在与客户交谈时，微笑要展露一点，态度要和蔼一点，说话要轻声一点，语气要柔和一点，要采取征询、协商或者请教的口气与客户交流，切不可采取命令和批示的口吻与人交谈。人贵有自知之明，要清楚明白你在客户心里的地位，你需要永远记住一条，那就是——你不是客户的领导和上级，你无权对客户指手画脚，下命令或下指示；你只是一个房地产经纪人，他的一个置业顾问。

四忌炫耀

与客户沟通谈到自己时，要实事求是地介绍自己，稍加赞美即可，万万不可忘乎所以、得意忘形地自吹自擂、自我炫耀自己的出身、学识、财富、地位以及业绩和收入等。这样就会人为地造成双方的隔阂和距离。要知道人与人之间，脑袋与脑袋是最近的；而口袋与口袋却是最远的，如果您一而再再而三地炫耀自己的收入，对方就会感到，你向我推销房源是来挣我钱的，而不是来给我送房子的。

五忌直白

房地产经纪人要掌握与人沟通的艺术，客户成千上万、千差万别，有各个阶层、各个方面的群体，他们在知识和见解上都不尽相同。我们在与其沟通时，如果发现他在认识上有不妥的地方，也不要直截了当地指出，说他这也不是那也不对。一般的人最忌讳在众人面前丢脸、难堪。俗语道：打人不打脸，揭人不揭短，要忌讳直白。康德曾经说过："对男人来讲，最大的侮辱莫过于说他愚蠢；对女人来说，最大的侮辱莫过于说她丑陋。"我们一定要看交谈的对象，做到言之有物，因人施语，要把握谈话的技巧、沟通的艺术，要委婉忠告。

六忌批评

房地产经纪人在与客户沟通时，如果发现他身上有些缺点，也不要当面批评和教育他，更不要大声地指责他。要知道批评与指责解决不了任何问题，只会招致对方的怨恨与反感。与人交谈要多用感谢词、赞美语；要多言赞美，少说批评，要掌握赞美的尺度和批评的分寸，要巧妙批评，旁敲侧击。

七忌独白

与客户谈话，就是与客户沟通思想的过程，这种沟通是双向的。不但我们自己要说，同时也要鼓励对方讲话，通过他的说话，我们可以了解客户的基本情况、购房预算、购房目的。双向沟通是了解对方有效的工具，切忌房地产经纪人一个人在唱独角戏，个人独白。

八忌冷淡

与客户谈话，态度一定要热情，语言一定要真诚，言谈举止都要流露出真情实感，要热情奔放、情真意切、话贵情真。

九忌生硬

房地产经纪人在与客户说话时，声音要洪亮、语言要优美，要抑扬顿挫、节奏鲜明，语音有厚有薄；语速有快有慢；语调有高有低；语气有重有轻。要有声有色，有张有弛，声情并茂，生动活泼。

正确应对示范

客　户：“没搞错吧，连个会所都没有还敢称高档住宅。你们这些房地产经纪人真是喜欢胡说八道的。”（此时，如果房地产经纪人也针锋相对，势必会引起争吵。）

经纪人：“郭先生，您说得也没错，高档住宅一般都是配备有会所的。我觉得这个小区这套房子最大的卖点，就在于闹中取静，出则繁华，入则幽静，不但生活便利，而且居住安静。郭先生，您觉得呢？”（房地产经纪人先表示对客户的认可，不管客户有没理，去争论是否高档住宅根本没意义，而是再次将房源的最大卖点传达给客户，转移客户的注意力。）

情景十二
你们为什么只在《××导报》上做广告，不在《××晚报》上做广告

错误应对示范

1. 告诉客户我们在《××导报》上做广告是出于全方位的考虑。

点评：这有意义吗？客户不会关心你是出于什么考虑，客户这么说只是他的个人喜好而已。而这些方面，事实上对于你的房源推介是没有什么影响的。

2. 对客户的这些异议丝毫不予理睬。

点评：即使客户所提出的异议与销售无关，房地产经纪人也不能完全不予理睬，否则客户会认为他受到了忽视。

情景解析

当客户提出一些反对意见，并不是真的想要获得解决或讨论时，这些意见和客户的利益扯不上直接的关系，也不至于给你的销售活动带来影响，你只要面带笑容地表示同意，或微笑着不作答就可以了。

国外的推销专家认为，在实际销售过程中，80% 的反对意见都应该

冷处理。对于一些“为反对而反对”或“只是想表现自己的看法高人一等”的客户意见，若是不分主次地认真地处理，不但费时，而且有旁生枝节的可能，比如客户会认为你是在挑他毛病。只要满足客户表达的欲望，并采用忽视法迅速地引开话题，就是你最好的做法。常用的“忽视法”有微笑点头（表示“同意”或表示“听了你的话”）、“你真幽默”、“嗯！高见！”等。

正确应对示范

客　户：“你们为什么只在《××导报》上做广告，而不在《××晚报》上做广告。要是你们在《××晚报》上做广告，我前天就来看房了。”

经纪人：“呵呵，下回我们一定会注意的，看来晚报的群体还是广的。对了，王先生，您看我们现在是不是可以约房东看房了？”

FANG DI CHAN
JING JI REN
ZHE YANG SHUO
ZHE YANG ZUO

第五章

讨价还价情景演练

情景一
还没看房，客户就先问“还有谈价空间吗？”

错误应对示范

1. 应该没问题的，您看满意了，我和业主谈谈看看能少多少。

点评：一开始就给客户传达“能谈价”的信息，即使客户看房满意了，也会让自己陷入价格谈判的泥潭，而且，在这种情况下进行价格谈判，你已经处于被动地位了。因为客户已经认定“能谈价”。

2. 不可能了，业主报的已经是底价了。

点评：这样的回答，很有可能会让客户放弃看房的想法。尤其是当客户的心理预期与业主报价有较大差距时，客户就会选择放弃。其实，客户在还没看房时，根本不知道这房子到底什么样的价位才叫“实在”，才叫“合情合理”。

情景解析

商业上有一个原则：如果你是卖主，当对方迫切需要时，你再与他商谈价格，自己尽量摆出一种不会讨价还价的绅士态度。

在销售中，房地产经纪人应努力使自己处于一种没有必要讨价还价的地位。如果你能确定不用通过讨价还价就可得到你想要的一切，而且你也确定那就是你所能得到的一切，那么就把你的条件全部说出来并坚决不让步，绝不能因你想做买卖而背离了这一原则。即使你想做买卖，也必须让对方感觉到只能在枝节问题上交涉，核心问题是不可谈的。

当然，这个原则要在实际中真正做到并不容易。在销售中，客户对价格问题总是很敏感的，他们总是希望与你谈谈能否降低价格，即使他们觉得希望渺茫，也是不会轻易放弃的。试想一下，现在的房子动辄一两百万，随便降点价，就能节省好几万元，这几乎相当于普通工薪阶层半年的工资，谁会轻易放弃呢？！

因此，我们这里所说的“非谈不可才谈”，是指必须在除了价格之外，客户对房子已经完全满意，只要价格谈妥就可以马上成交的时候才与客户商谈价格。否则，在经过一番讨价还价之后，由于客户还有不满意之处而不能下决心购买，那所有的一切谈判都白费了。这道理其实很简单。如果有人告诉你说，他那里有一款衣服很便宜，在没有看到衣服款式并试穿之前，你会因为它便宜就买吗？恐怕不会。因为你还不知道衣服到底好不好看、适合不适合你，便宜又有什么用呢？

回到本情景，客户还没实地看房，对房源还不了解，更没有产生购买欲望，这时候就询问能否谈价，从好的方面来看，这可能意味着他们真的对这套房子有需求、有兴趣；从不利的方面来看，如果冒昧地告诉他们是否能谈价，那么很可能失去这位客户：如果告诉客户不能谈价且目前的报价超出客户的心理预期或购买预算，客户可能就会因此而打“退堂鼓”，或者可能导致客户先入为主，觉得根本不值得这个价；如果告诉客户能谈价，到时客户真的看了房，就会无休止地要求降价。

实践证明，当客户尚未对房源产生购买兴趣前，无论此时报出怎样的价格，客户通常都会提出异议，这是客户的普遍反应。当然了，我们也不能对客户的询问置之不理，面对这种情况，通常最有效的处理方法是运用“迟缓法”，其实也就是“缓兵之计”，先将客户的注意力集中到房源本身，循循善诱，让客户产生购买兴趣后再谈价格。

正确应对示范

客　户：“请问这套房子最低多少钱能卖？”

经纪人：“您先别急着讨论价钱，先看看它符不符合您的要求再说，主要是要合适。您说呢？”

情景二
一听报价，客户随口而出“21 600元？太贵了吧”

错误应对示范

1.“这已经不算贵了，原来还更贵呢！”

点评：客户认为“贵”，并不是和之前的价格比，因此这样的回答并没有消除客户“贵”的感觉。而且，很多客户听到原来更贵，会认为房价目前在降，或者这套房子很可能是有什么问题才会降价，或者觉得后面会降得更多，从而会更加谨慎。

2.“一分钱一分货，好房子肯定不便宜。”

点评：这样的回答缺乏说服力，即便说的是事实，没有给出有力的说法支持或证据，是无法化解客户异议的。

3. 那您认为多少钱才不算贵呢？

点评：处理客户价格异议的时候，最好不要使用反问句。这样容易加快价格谈判进程，使自己过早地陷入到与客户讨价还价的被动局面。

4. 21 600元还贵？您看看这周边的房价就知道它到底是不是贵了。

点评：这种回答类似于激将法，应该在确定客户有足够的购买意愿之后提出，否则这样“赶客户”式的回答太过于冒险，客户很可能会不满你的服务态度，直接掉头走人。

5. 这还贵啊？如果 21600 还贵，那在市区肯定买不到房子了，只能去郊区买了。

点评：这样的回答容易让客户认为自己受到了轻视，从而产生不满：你这个人怎么这么说话啊！

情景解析

在听到报价后，可能有很多客户想都没想，随口而出一句就是："太贵了吧？"一些房地产经纪人最怕听到客户说出"太贵了"这样的字眼，认为客户会就此打退堂鼓或拼命地杀价。事实真是如此吗？

出于正常的消费心理，每个人都希望能够购买到物有所值甚至是物超所值的商品。即使他们已经产生了购买兴趣，但为了能尽量以最小的代价买到自己心仪的东西，他们还是会不厌其烦地进行最为关键的一次交锋——议价与守价。换句话说，抱怨价格过高已经成为消费者的一种习惯，而不管这个价格是不是真的高了。尤其是面对房产买卖这种金额高、风险也高的交易时，一旦议价成功便可省下不少钱。所以，即使是在房子条件不错、价格也适当合理的情况下，客户依旧会对价格有所疑义，仍旧觉得会有一定的议价空间。

面对客户的这些异议，一味地与他们争论价格问题是毫无意义的，也不能因为客户对价格不满就立刻反驳或变得哑口无言。既然客户顾虑的只是不确定自己所要购买的房子是否物有所值甚至物超所值，那么，房地产经纪人应该做的就是要向客户清楚地说明这套房子真的是物有所值甚至物超所值的。如果你能够把房源的种种优势很好地呈现在客户面前，告诉客户购买这套房子能给他带来多少利益，让客户明白买这套房子才最合算、最有价值，直到价格对客户来说变成一个相对次要的问题了，你就算成功地处理了客户的价格异议了。

比如，可以根据客户需求以及情况的不同，有选择性地向客户说明利益——房子户型结构设计得非常好，有效地利用了每一寸空间；或者房子位置好、路段好、交通便利，自己上班和孩子上学都非常方便、省时；再或者房子周边配套生活以及市政设施完善，生活相当便利，如此等等。此外，在描述这些利益时可以适当地加上一些形容，令表达更加生动、更具说服力，好增强客户的购买决心。事实证明，客户的购买欲望越强，对价格的考虑也就越少。

此外，在与客户交谈的过程中不要操之过急，太早提出价格问题反而有可能吓跑客户。应让客户先深入了解房屋的信息，并且在客户对各方面都比较满意之后，再开始与之谈论价格才比较稳妥，避免客户对价格稍有不满便会放弃购买。总而言之，在客户的购买欲望尚未强烈时，提前谈论价格就毫无必要。对这些，房地产经纪人都应该有所衡量，在客户没有详细地了解房源信息之前，即使他们提出了价格异议，也要避免正面回答，利用巧妙拖延的方式，先向客户全面介绍房源信息、带客户实地看房，让客户了解到它的价值与利益并产生兴趣，将一切有关价格的讨论放到最后。

正确应对示范

客　户："21 600 元？这价钱也太高了吧！"

经纪人："刘先生，如果只看价格，21 600 元确实不低。不过，如果您看了房子后，相信您就会改变看法了。"

客　户："哦，这套房子真有您说的那么好？"

经纪人："刘先生，以前大家都是自己建房子，都是讲究坐北朝南，对吧？可是，现在在大城市里，要想找一套南北通透的房子，的确是很难。这套房子就是纯纯正正的坐北朝南，通风采光非常好。更难得的是，它的视野非常好，在23层，能看到整个江头公园。这样吧，光我说也没用，您自己看了就知道好不好了。这套房子我们有钥匙，我们先去看看，看了后再说价格吧。”

客　户：“好的。”

情景三
昨天我们看了 ×× 花园的一套，人家一平方米才 ××× 元

错误应对示范

1.“××花园的房子能和这里比吗？根本不是一个档次的，怎么能比？”

点评：即使是事实（×× 花园的档次确实和这里不能比），但这样的回答显得盛气凌人，会让客户觉得心里不舒服。而且，有些客户还会觉得你是在恶意诋毁对手，从而更为不信任。

2.“房子不一样，价钱自然也就不同了。”

点评：话说得没错，理也是这个理。但这样回答只是对事实的直述，并且默认了客户的说法（即价格比 ×× 花园贵），属于消极的应对方式，难以消除客户的疑虑。

3.“那您非要这样比较，我们也没办法。”

点评：这样回答更为消极，不仅没对客户的异议做出任何解释，而且让客户觉得你没有诚意。

情景解析

对于普通百姓来说，购房可以称得上是一项重要的家庭决策。对于

如此重要的决策，通常情况下大家都会千挑万选，这里看房那里看房，经过仔细权衡比较后才最终做出决定。而为了能够在价格谈判中占据有利地位，在讨价还价的时候，他们就会拿出其他房源来对比，提出价格异议。对于这种情况，房地产经纪人该如何应对呢？

众所周知，人们在买东西时向来都有货比三家的习惯，尤其是买房子这种需要慎重再慎重的事情，一般人在买房时往往不会只看一套房子一个小区的。有位高中数学老师，在买房时甚至用几何概率，集合计算几套房子的优缺点，最后才挑选出一套自己认为最适合的房子。虽然普遍情况下大家没有这位数学老师的闲情和专业，但是他们同样会在价格谈判时，为求降价而把目前房源的弱势和其他房源的优势作比较。

因此，在提出价格异议之时，客户拿其他房源同目前房源进行比较，这是一个非常普遍的现象。在这里要注意，千万不要刻意攻击客户所提出的比较对象，否定客户提出的比较对象就相当于否定了他的看法，会使客户产生抵触情绪。反过来想想，假如你身边的人一直贬低你认为还不错的新朋友，你会开心吗？

当客户拿其他较低价格的房源同我们的进行比较来要求砍价时，聪明的房地产经纪人往往会先肯定客户的眼光，然后巧妙地向客户传递房源的优势，使客户清楚地知道多付出的一点钱是值得的。

处理这种价格异议，最常用的方法就是“比较法”了。通过比较论证的方式，将“人无我有、人有我优”的利益点传达给客户，让客户自己清楚认识到该房源所能够为他带来的利益，价格的差异感也就自然而然地变小了。在描述房源优点的同时，对房源缺点也无需刻意回避，诚实地把信息全面地传达给客户，也有利于建立起自身诚信可靠的中介形象；当然，对于房源缺点，也不用着重解释，轻描淡写或一语带过即可，主要仍应着力于房源优点的阐述。此外，在比较之前，首先要对客户表示肯定，令客户得到应有的尊重和重视，对方才会接受你之后所说的一切。其实作为客户，也都明白一分钱一分货的道理，只要房地产经纪人能够从公正、客观的角度去分析问题，真心实意地多为客户考虑，客户自然还是会信任你的专业看法的。

利用比较的方式来处理这种价格异议情况，首先还需要房地产经纪人对房屋资源、周边环境以及相似房源有清楚的了解和认识，必须在平时做好市场调查工作，积极了解周边市场情况，精确统计各项信息并熟记于心，这样才能在客户提出比较时对各类房源情况信手拈来，从而应付自如。

正确应对示范

（一）

客　户：“我们昨天才看过××小区的一套房子，人家1平方米才18 000元。”

经纪人：“孙小姐，您说的是没错，那边的房子的确比罗马假日便宜，之前我也有卖过那个小区的房子。他们的价钱虽然低，但您看看，这套房子的户型结构和装修是不是更好呢？每一个细节都很到位，不浪费任何一寸空间。而且我们这套房子周边环境也都没的说，您去问问周围的居民就知道。住在这里安全问题是绝对不用担心的，且不说小区装备有最先进的监控系统，这物业也是全国口碑数一数二的优秀公司，认真负责，多花一些钱，就能得到这么多保障，您说是不是物有所值呢？”

（这是“价值强调法”，就是把房源的价值或者说关键卖点再次向客户说明清楚，让客户明白房源之所以这么贵是有它的道理的，一分价钱一分货嘛。）

（二）

客　户：“我们刚刚才看过边上××小区的另一套房子，人家1平方才 11 000 元。”

经纪人：“孙先生，您说的没错。我想请教您一个问题，您喜欢开奔驰还是喜欢开捷达？”

客　户：“当然是奔驰了。”

经纪人：“那就对了。三星级和五星级肯定是没法比的。这是海景第一排，而边上 ×× 小区是海景第二排。海景第一排和海景第二排肯定是没法比的，谁都希望能真正地在家就看到海。”

（这是“三明治法”，就是把价值再添加附加价值，说明你的价格高是有道理的。你开奔驰与开捷达，感觉完全是不一样的，价格自然也就不一样。这也就是说价格和价值之间必然还存在着差异性。）

（三）

客　户：“不会吧，21 600 元？对面的 ×× 花园才 18 000 元不到呢？”

经纪人：“您能看出这本笔记本多少钱吗？还有另外一本呢？您仔细看一下，可以先看看它们的纸质，如果只是这样看，您根本看不出哪一本值 8 元，哪一本值 5 元。您看，这么小的商品就如此，像房子就更不用说了。”

（这是“比喻法”的常见方式。它的目的是通过其他类型产品的价格状况说明不同品牌、不同型号的价格不同，不可以随便比较一些没有可比性的产品。运用这种方法需要注意的是，不要就事论事，说自己的好，别人（便宜）的不好，或者干脆说“你也不看看我们是什么档次”。这样是难以取得客户信任的。你最好举出一些不同类型产品的价格现状。比如，你可以说“您看汽车，同样是跑车，宝马的和比亚迪的价格就是不同，没有一个人说是宝马的贵了，档次不同嘛。”）

情景四
不会吧，怎么涨那么多？我朋友上个月买每平方米才 16 000 元啊

错误应对示范

1. 开玩笑吧，去年这片区的房价就已经超过 16 000 元了。

点评：就算客户真的是在说谎，也不能赤裸裸地直接反驳，一点不给客户面子。不给客户面子，客户心里就不痛快，无形中就会给成交带来更多障碍。

2. 也没涨多少啦，就几百元而已。

点评：这样说显得太不把客户的利益当回事，一个不为客户利益考虑的房地产经纪人，客户是不会对其产生信任的。

3. 看这趋势，下个月可能还会涨，所以现在赶紧得买啊。

点评：这样的回答可能会唤起客户的危机意识，也可能让客户认为你在危言耸听。因此，唤起客户危机感的同时，要向客户解释清楚涨价的具体原因。

4. 你朋友买的应该是顶楼或者靠近马路的吧，否则 16 000 元肯定买不到。

点评：说的也许是实话，不过这么说，很容易会让客户关注的是“16 000

元可以买到”这点，而忽略了“只有顶楼或靠近马路的才会卖16 000元”这个前提条件。

情景解析

曾经在报上看到过这么一件事：一个购房者在售楼处准备买房，刚开始没法马上做决定，就到售楼处外走了走，买了个煎饼吃，结果等想好了再回到售楼处时，发现房价涨了，一套房子多了十几万元！网友们后来都戏称，这是中国最昂贵的煎饼，一个煎饼十几万元呢！

在整个购房过程中，客户对于房价的涨跌非常敏感。尤其是现在房价已经很高了，一听到又涨价了，客户的确难以接受，觉得非常不舒服。因此，对于客户所提出的“怎么又涨价了”这样的异议，房地产经纪人要表示理解，同时向客户解释涨价的理由，再次强调房源的利益所在，促使客户尽快做出购买决定。

向客户解释涨价理由后，房地产经纪人还应通过一些销售手法唤起客户的危机意识，促使客户尽快下定购买决心。比如，可以用举例说明法，举一些以前买房客户的实例，证明如果看到适合的房子不出手，将来不但要多花不少钱，而且还不一定买到适合的房子。

除此之外，在处理此类异议时，房地产经纪人还可以采用“太极法”。太极拳是我国源远流长的拳术，其原理是借力使力。澳洲居民的回力棒也具有这种借力使力的特性，用力投出后，会反弹回原地。而销售中的太极法，也是运用这一原理，其基本做法是：当客户提出某些异议以后，房地产经纪人立刻根据他提出的观点，进行回复，如“这正是现在要赶紧买的原因”，利用这种方法将客户的异议直接转换成购买的理由。

其实，只要大家留心观察，就会发现太极法是在我们的日常生活中经常运用的方法。例如，女朋友以心情不好为理由，告诉你不想出去时，你通常会说：“就是因为心情不好，才要出去走走，释放一下情绪的。”又如，父母希望你考上大学，你说工作难找，考了也没用，父母会告诉你，就是因为工作难找，才更要考上，否则没文化，没学历的人以后更难在社会立足。

太极法通常运用在客户不是很坚持的异议上，特别当客户提出的异议只是一般的借口时，更能派上用场。

正确应对示范

（一）

客　户："不会吧，现在房价怎么涨得这么快，我朋友上个月在金尚这边也刚买了一套房子，一平方米才16 000元呢。"

经纪人："哦，是金尚这边的吗？不会啊，有这么便宜的房子？您知道是哪个小区吗？"

客　户："具体哪个小区我记不得了，应该就是在这一带。"（客户表现出不确定）

经纪人："林先生，是不是您朋友没说清楚呢？您朋友会不会说的是马路对面那边的金山片区，那边房价是比较低，大概就是16 000元。金尚这片区，从今年开始就卖到18 000元到22 000元这个价了，上个月琴岛花园有一套还卖23 800元呢。"（用具体数据来支持自己的说法，并为客户提供一种合理的解释，保全他的面子）

客　户："哦，那有可能，金山和金尚老会混起来。"

经纪人："我觉得应该是这样，要不这里不会有这么便宜的房子。如果有的话，我们中介肯定都会知道，甚至很多炒房客早就捷足先登了。"

（二）

客　户："这套房子多少钱？"

经纪人：“198 万元。”

客　户：“不会吧，这么贵！折合起来一平方米 18 000 元多！我朋友上个月也在这个小区买了一套，每平方米才 16 000 元呢。”

经纪人：“不会吧，这个小区竟然有这么便宜的房子？18 幢楼有一套 16 楼的三房两厅，上个星期才成交，成交价 203 万元，户型、格局都和这套差不多。”（用具体的成交个案来支持自己的说法）

客　户：“哦。”（客户不再反驳）

经纪人：“林先生，我想您那位朋友买的房子可能不是这个小区的。如果是附近的 ×× 小区，那倒是完全有可能。我这边就有一套 ×× 小区的房子，181 万元，折合起来每平方米只要 15 800 元，要不等会我带您去看看？就是刚刚路上您问我的那一排旧房子。”（给客户提供一个台阶下）

客　户：“不用了，那么旧的房子哪里能住人啊。”

经纪人：“是啊，这一带的房子，就 ×× 小区的最便宜了。那边的房子之所以卖得比较便宜，除了房子比较旧之外，还有一点更重要的，那边不属于湖明小学的划片招生范围，那里只能读滨北小学。您也知道，滨北小学和湖明小学可是差了好多。”

情景五
谈了好久，客户说“我还是觉得这个价格太高了”

错误应对示范

1. 那我也没办法了，我已经帮您和业主谈过了，这已经是业主的底价了。

点评：即使你说的是事实，可是这么说就会动摇客户的购买信心。

2. 这个价格还嫌高啊！

点评：这种回答是与客户对抗的表现，它的潜台词就是“嫌贵了你就别买，我并不强迫你买”。

情景解析

当客户提出价格异议时，房地产经纪人首先要明晰客户的动机。客户讨价还价的动机有很多，有的是对房源的价值把握不准，害怕买贵了吃亏；有的是购买能力有限，希望通过还价来弥补缺口，省一点是一点；有的是习惯性的压价。

摸清客户还价动机的一个最简单的方法，就是通过开放式的提问，引导客户说出价格异议的原因。通过直接的、开放式的询问消除价格异议，这是一个明智的、大方的举止。对于那些充满信心、而意志坚定的客户来说，坦然地说出心里的感受并不是一件困难的事情。

例如：

——“您认为价格太高的原因是什么呢？”

——“您觉得合理的价格应该是多少呢？”

——“对于价格方面的因素，您是如何考虑的？”

——“您是觉得房子质量更重要呢，还是价格低一点更重要呢？”

……

通常客户都会把内心想法讲出来。对此，房地产经纪人要有针对性地予以解决。对于一些支付能力有限的客户，你可以和他们探讨贷款、分期付款的方法，或者劝说他们购买较小面积的房子，力求为他们找一个最省钱的支付方式。而对于一些习惯性压价的客户，则应该晓之以理、动之以情，让他们主动放弃讨价还价的要求。

正确应对示范

（一）

客　户：“我还是觉得这个价格太高了。”

经纪人：“刘小姐，说实在的，如果单比较价格，这套房子的价格在这个片区是略高一些。不过，您在看房时也发现了，这套房子的楼层、户型、装修各方面的条件，在这个片区还真的是非常不错的。而且，房东还送全套家具电器，那些家具电器都是名牌，而且很新，完全是属于可以拎包入住的那种。这么算下来，它的价格也是实在的。”（价格异议往往并非针对价格本身，而是针对价格与价值的结合点。当客户对房子的各方面都非常满意，就是纠结于价格时，我们可以采用“利益强调法”，着重向客户强调房子“物有所值”。)

(二)

客　户:“我还是觉得这个价格太高了。”

经纪人:“刘小姐，是的，这套的确比较贵，要不您看看1楼的那套，它每平方米只要15 600元。”

客　户:“底层我才不要呢，通风采光都不好，而且还西晒。”

经纪人:“那就是了。林小姐，看得出来您更注重房子的居住品质。为了有一个好的居住环境，多花点钱难道不值吗？”(当遇上比较难缠的客户时，不妨试试使用“差异法”。所谓“差异法”，就是当客户表示价格太高时，挑一套各方面较差的房子给他，让他自己选择要好房子还是只要低价格的房子。差异法的好处是会造成客户的心理落差，明白便宜没好货。)

情景六
太贵了，我还是等等看吧，说不定会降价呢

错误应对示范

1. 哪里可能，这几年房价只会涨不会跌的。

点评：别轻易下结论，一来没有真凭实据客户不会相信你，二来如果将来真降价了，客户会怪罪你的。

2. 那你就等到降价的时候再买吧。

点评：这是和客户赌气，对处理异议于事无补，对促成交易更是没有任何帮助，只会引起客户的不满。

情景解析

“太贵了，我还是等等看吧，说不定会降价呢！”提出这种问题的客户，不外乎两种心态：一是怕买贵了不划算，二是希望以更低的价格购买。如何把握住客户的购买心理，激发客户的购买热情和欲望就看房地产经纪人处理问题的能力了。

大部分中国百姓都在盼着房价降下来，在购房的时候，很多客户就会因为有这样的念头而犹豫不决。对于房地产经纪人来说，当客户提出

这样的异议时，应以理解的心态去看待去对待这个问题。但是，我们不能因为理解就放弃这个客户，而应引导客户，让客户明白此时买房是适宜的，买我们的房子是值得的。其实，消费者的消费心理和消费行为是会相互影响的，否则就不会有“流行”和“主流”的说法了。为此，如果在说服客户的时候，你能举出一些有代表性的例子，那就可以影响客户的决心。

正确应对示范

客　户：“太贵了，我还是再等等看吧，现在国家在调控房价呢，说不定会降价呢。”

经纪人：“陈小姐，说实话，我也盼着房价能跌下来啊。现在的房价确实不低，可是就像大家分析的那样，中国在搞城镇化，有钱人又很多，想让房价跌下来确实太难了。尤其是像厦门，岛内的地就那么点，怎么降价呢？刚刚那个签约的客户，其实从6月份就开始找我们看房了，也是一直觉得房价会跌，再等等再等等吧，结果现在一套房子多了20来万元，他后悔死了。”

情景七
客户让你帮忙与房东谈价格，却不愿意交意向金

错误应对示范

1. 根据口头约定，帮客户谈价，谈到客户约定的价格后，叫客户前来签约。

点评：如果客户不交意向金，光凭口头约定，就会失去法律约束力。即使你帮客户谈到约定价格后，客户很可能会找借口不来签约，甚至会趁机压价，要求你再次去谈价。

2. 客户不交意向金，就算谈到约定价格，也不约客户前来签约。

点评：这种做法看似在维护自己及公司利益，但是有时会错失一些交易，之前所做的努力就会白白浪费。而且已经同业主谈好价格，却又无法成交，可能会使业主不满，导致下次谈价更加困难。

3. 向客户表示不交诚意金就不去同业主谈价。

点评：这样的做法有威胁客户的意思，虽然要维护自己及公司的利益，但是这样做很可能会激怒客户，而转向其他中介买房。

情景解析

在实际工作中，经常会碰到这样的情形：客户让你去帮忙与业主砍价，却不愿意交意向金。对于这种情况，该怎么办呢？

“意向金”也称“诚意金”，意思就是客户在指定的理想价位有购买业主房子的诚意。在二手房交易中，当客户要求房地产经纪人去与业主商谈价格时，一般需要先行交付“意向金”，以保证房地产经纪人在帮忙谈到客户所要求的价格或其他交易条件时，客户会按该价格或该条件购买该房产。达成交易后，“意向金”一般自动转为定金；否则，“意向金”应返还给客户。

很多客户要求经纪人去与业主商谈价格了，但是却不愿意交意向金，都会说“你只管去谈，谈到 × × 钱，我就直接过来签约”。如果房地产经纪人直接按照客户的要求同业主谈价，即使谈到与客户约定的价格，由于没有任何的约束力，不少客户可能会改变约定的条件，乘机找借口压低价格，再次要求你同业主谈价，这样一来，之前的努力就会白费，业主也会因此怀疑你的能力，以至于给再次谈价造成不必要的障碍。

当然，如果真的遇到不肯交“意向金”的客户，房地产经纪人也千万不能直接摆出一副“爱付不付，反正你不付我就不去谈”的架势，而应该首先向客户解释“意向金”的含义，并清楚表示如果没有在约定的时间内谈到约定的价格，意向金会如数返还给客户，以消除客户的担忧心理。

如果在解释之后，客户还是执意不愿意交意向金，该怎么办呢？房地产经纪人面对的客户千差万别，不论遇到什么样的人，不论遇到什么样的状况，都要懂得灵活应对，要做最好的准备，做最坏的打算。最好的办法就是一边同业主谈价，一边做客户的思想工作。一旦谈到客户可以接受的价格时，房地产经纪人可以以不面谈不成功为由，让客户亲自出马，让其同业主面谈，而面谈的条件则是一旦谈成立即当场下订金。当然，让客户直接同业主谈价之前，必须事先与业主做好沟通工作，要求业主在谈判时先坚持一小段时间，然后再同意客户提出来的价格。

正确应对示范

（一）

客　户："这样吧，您去和业主谈谈，如果能谈到176万元，我就买了。"

经纪人："刘小姐，您出的这个价和业主的报价差距太大了，恐怕很困难。"

客　户："有什么困难的，176万元差不多了。"

经纪人："刘小姐，这样吧，我们会尽量帮您谈价格的。但根据规定，在谈价格前，您得先交一点意向金，这样才能保证在谈到约定价格的情况下，您会购买这套房子。"

客　户："不用交意向金啦，谈到176万元我就直接过来签约。"

经纪人："刘小姐，是这样的，在帮忙客户谈价格之前先交诚意金，这是业内的规矩。您也知道，有些客户会不守诚信，谈到约定的价格后又不买了，这样会让我们中介很难做，被业主责怪。其实，交意向金对客户是没有影响的，一旦谈到约定的价格，意向金就自动转为订金了；在约定的时间内没谈成，诚意金会返还给你们的。"

客　户："那好吧，我就先交个5 000元的诚意金，在3天之内如果能谈到176万元，我就买了。"

（二）

（客户要求房地产经纪人去帮忙与业主谈价格，但好说歹说就是不愿意下意向金。房地产经纪人看该客户确实有诚意，只是担心意向金是个陷阱，所以不敢下意向金。)

客　户:“你们和业主谈得怎么样了？”

经纪人:“郭先生，您这可真为难我了，××花园的这套房子条件确实不错，我同业主谈了不下20次，因为是老客户，所以勉强退了一步，他能接受的最低价格是178万元，也就是给您优惠了50 000元，和您的要求差了20 000元。现在要买到一套合自己心意的房子真的很不容易，现在就差20 000元，对您来说真的不是什么问题，就一人退一步，以178万元成交了吧？”(谈到客户要求的176万元，不能立即告诉客户业主已经同意成交，防止客户找借口再次压价。)

客　户:“我说得很清楚了，我最多出到176万元。”

经纪人:“哎，我是没有办法了，我都快磨破了嘴皮子，业主坚决表示非这个价不卖。要不这样，我觉得您的谈价能力比我厉害多了，要不我约业主同您坐下来面谈，说不定您能说动业主再降20 000元呢。”(与业主协商过后，让客户自己与业主谈价，业主答应降价的理由是让客户当场下订金，促成交易。)

情景八
找业主谈价时，业主表示少于 180 万元免谈

错误应对示范

1. 先同客户谈价，谈到 180 万元时，再去找业主商谈。

点评：如果业主开的价格实在，那是没什么问题。毕竟，业主既然说得这么坚决，谈价的难度肯定是会大于客户的。但是，如果业主开的价格不实在，高于市场行情价，在这种情况下还只是一味地同客户单边谈价，正常来说会比较困难。

2. 放弃该客户，把房子推荐给其他客户，看能否谈到 180 万元。

点评：一味顺从业主，会给自己的销售带来很大障碍。而且，这样做等于业主已经掌握了谈价的主导地位，自己处于被动地位，就算有客户出的价格与业主的开价 180 万元接近，也会让自己陷入困难的守价谈判。

3. 不停地周旋于客户和业主之间，希望双方能各退一步，拉近双方的价格。

点评：业主已经做了“少于 180 万元免谈”的表态，说明房地产经纪人在价格谈判上处于被动地位，很难拉低价格。在这种情况下，除非客户的出价与业主的开价 180 万元非常接近，否则谈判难度会非常大的。

情景解析

当房地产经纪人代表买家与业主谈价时，可能会遇到较为难谈的业主，甚至有的业主直接回应说“少于 180 万元免谈”。对此，房地产经纪人该如何应对呢？

通常而言，业主表示少于多少钱免谈的可能性有三种：一是业主真的不缺钱花，不想花太多的时间精力来谈价，直接开出自己的底价；二是业主为了把房子卖个好价钱，在故弄玄虚，希望客户能出一个较为接近的价格；三是有其他中介在同他谈价，业主想以此来稳定售价。

遇到这种在价格上表现得非常强硬的业主，房地产经纪人首先要摸清业主的真实意图：是底价还是为了卖个好价钱，还是为了稳定售价。试探的时候，可以故意还一个较低的价格。如果业主不生气，反而透露出希望客户出高一点的价格，说明价格还有谈判的空间，可采取相应措施进行击破，探明是有同行在竞争，还是业主自己在故弄玄虚；如果业主态度强硬，多半可以说明这个价格已经是底价，没有多少杀价的空间，如果价格差距太大就没必要再和业主谈价了，否则不但价格谈不下来，还容易招致客户的不满。有些房地产经纪人会对此很不甘心，甚至不停地周旋于客户和业主之间，希望双方能各退一步，拉近双方的价格。应该说，业主既然已经做了“少于 180 万元免谈”的表态，基本上可以说谈价空间很小了，如果就此还坚持谈价，那么房地产经纪人在价格谈判上就已经处于被动地位，很难拉低价格。

正确应对示范

（一）

经纪人：“林先生，您好！我是 ×× 房产公司的小孙，今天上午我带

去看房的那位客户对您这套房子有兴趣，只是价格上还有些出入。客户现在出价是 175 万元，您看看是否能让一步？”

客　户：“小孙啊，老实说，我现在并不缺钱，也不着急卖房子，之前已经说了，180 万元是我的底价。少于 180 万元，就不要来同我谈。”（业主以不缺钱为由不肯降价）

经纪人：“林先生，我知道您肯定不缺钱。只是我的这位客户真的很有购买诚意，人也很实在，您看能不能少一点？”

客　户：“不行，我已经说得很清楚了，没有 180 万元不用找我谈。”（业主一再表示没有谈价空间）

经纪人：“林先生，是这样的，因为我的这位客户先前在另外一家中介也看上了一套类似的房子，他觉得两套房子条件都差不多，您这套的装修风格他比较喜欢一点，于是就让我找您谈谈，如果在价格上能让一点，他就买您这一套，不考虑另外那一套了。您看，难得他这么有诚意，又爽快，毕竟找到一个合适的买家也不容易，您说是吧？”（找借口试探客户，是否真的不肯让步）

客　户：“175 万元不行，如果他真的那么有诚意，你让他出高点。”（客户松口，表示愿意让步）

经纪人：“那您看您多少钱愿意卖呢，我好同他说一下。”

客　户：“最少 178 万元，再少就不用再谈了。”

经纪人：“林先生，您看能不能再少一些，因为客户也非常确定地告诉我他最多只能出到 175 万元。如果价格相差太远，可能很难谈得拢，您看这样行不行，双方各退一步，您这边也再让点，我同客户争取一下，让他出 177.5 万。”（继续同业主谈价，其实客户还价 177 万元）

客　户：“你也不用再说了，178 万元，少一分都不行，低于 178 万元，就算了。”（业主表现出了不耐烦，不愿再谈价）

经纪人：“好，我去与客户再谈谈，希望能成交。”（转向与客户谈价）

（二）

经纪人："林先生，您好！我是 ×× 房产公司的小孙，今天上午我带去看房的那位客户对您这套房子有兴趣，只是在价格上大家还有些出入，他还了 175 万元的价格，我同他说了最少要 180 万元，但是他坚持要我来同您谈谈，看看您是否能让一步？"

客　户："谈什么谈，少于 180 万元，免谈。"

经纪人："林先生，是这样，我的这位客户很有诚意的，老实说，我昨天带他在 ×× 小区看了一套房子，和您这套格局、面积都差不多，他感觉也挺满意的。因为那套房子是其他中介的房源，所以我就尽量说服他买您这一套。他的意思是，如果您在价格上能让一些，他就买您这套；如果价格一点都不让，他就可能会选择另外那套了。您看，既然他这么有诚意，又这么爽快，您能不能少一点？"

客　户："175 万元不行！他哪有什么诚意啊，×× 房产公司的小杨带过来的客户，开价就是 177 万元，人家这才叫诚意。"（业主表示有其他中介也在谈价）

经纪人："哦，是这样啊。那行，我回去跟客户说明一下情况，看他能不能多出一些。不过你们的价格相差太远，可能很难谈成，您看您能不能少一点，大概多少钱肯卖给他呢？我好同他谈。"（业主已经掌握了价格主导权，只能转向说服客户）

客　户："180 万元，我说得很清楚了。"

经纪人："好的，林先生，我再和客户谈谈，看看他能不能接受。"

情景九
买卖双方价格差距比较大，如何谈价

错误应对示范

1. 告诉客户这个价格与业主的价格相距太远，让客户加价。

点评：让客户自行加价，客户自然会在他的出价基础上加，如果双方价格差距太大，怎么加也很难加到业主想要的价格。

2. 告诉客户业主的底价是300万元，接受这个价格才能成交。

点评：客户在买房之前肯定查阅很多资料，或是找有经验的人借鉴过经验，是不可能相信你的这种说法的，反而会认为你不够实诚，对你失去信任。

3. 放弃努力，转向推荐其他房源。

点评：这是消极应对的表现，这么轻易就放弃努力，就算是推荐其他房源，成功的可能性也非常低。而且过早就放弃的房地产经纪人，业绩肯定不可能会有什么提升。

情景解析

有些客户，一还价就还得非常低，明显是个会杀价的人。比如，业主报价300万元，客户却还价260万元，价格差距实在太大了。对于这类客户，大多数房地产经纪人都感觉到头疼，不知道该如何应对是好。

如此大的价格差距，真的让人惊异于客户砍价的自信心。不过，惊异归惊异，作为房地产经纪人，就应该有掌控一切的能力，一定不能轻言放弃或者面露讥讽。发生这种情况的原因不外乎两个：一是客户不了解二手房行情，怕吃亏，所以还了一个比较低的价格，试探房地产经纪人的反应；二是客户对这套房子没有兴趣，根本不想买，想开个低价，让房地产经纪人知难而退。

要买家加价是件非常困难的事情，所以，应对这种还价非常低的客户时，一定要注意不能让其围绕着他出的那个低价（260万元）来谈，否则，无论如何都不可能加到业主所开出的底价。要掌握谈价的主动权，就要引导客户围绕高价（300万元）来谈。

那么，如何才能引导客户围绕高价来谈呢？如果直接告诉客户业主的报价就是300万元，有心想买就出一个实价，就算你说的是真话，客户也不会相信你开的是实价，反而可能会弄巧成拙，怀疑你的诚信问题。此时，可以借助其他客户的出价，来进行价格卡位，比如“上个星期有位客户出价290万元，业主都不肯卖”。或者，也可以用同小区或附近小区的成交个案来进行卡价，要求客户有心想买，就出个实价。这样，客户的心里就有一个比较明确的参考，有心想买的话，也会出一个较为合适的价格。

实务中，二手房买卖的价格谈判都需要经过数十个回合的苦战，一两个回合是根本不可能达成交易的。所以，在进行价格卡位的时候，房地产经纪人最好引用一些和300万元这个开价较为接近的出价。引用成交个案尤其需要注意，案例一定要真实可靠，否则一经查证，客户会对你完全失去信任，这个交易也就不可能成交。

正确应对示范

（一）

客　户：“这套房子多少钱？”

经纪人：“300 万元。”

客　户：“300 万元，你开玩笑吧，太贵了，260 万元还差不多。”

经纪人：“我怎么会跟您开玩笑呢？上个星期有位客户出到了 290 万元，业主都不肯卖。您要是有心想买，就请出个实价吧，这样我才好同业主谈价。”（让客户在 290 万元的价位上增加）

（二）

客　户：“这套房子多少钱？”

经纪人：“300 万元。”

客　户：“太贵了，这套房子 260 万元还差不多。”

经纪人：“啊！不会吧，上个星期 5 号楼的一个单元，户型、格局各方面条件都同这里差不多，就是楼层和装修差了一些，都卖到了 290 万元。您要是有心想买，就出个实价吧，要不这样我都没办法和业主谈。”（以成交的案例进行价格卡位，让客户下一轮出价在 290 万元以上）

情景十
买卖双方虽然差价不大，可是谁也不想让步

错误应对示范

1. 多找找房源的缺点，以让业主做出价格上的让步。

点评： 谁也不愿意别人说自己的东西不好，使用这种方法时一定要注意话术的运用，不能够生硬地说业主的房子这也不好、那也太差，否则只会让业主难堪，甚至怒而将房源转交其他中介代理。

2. 以客户经济状况、预算不足为由博取业主的同情，让业主适当让步。

点评： 业主毕竟不是慈善家，这种方法的使用一定要注意因人而异，而且一定要慎用，只有在实在找不到其他原因让业主降价的情况下才可使用。

3. 让同事扮演客户，制造房子紧俏的气氛，以此唤起客户的危机感。

点评： 如果客户对房子非常满意，那么这种方法对达成交易是非常奏效的，但是如果客户对房子本身还犹犹豫豫的话，那这种做法就只会换来客户的一声感叹："现在房子真的太贵了，这样的房子也这么抢手。"

情景解析

新房销售，作为销售一方的是企业，而且是成批销售，有相应的销售制度。但在二手房交易中，买卖双方普遍都是个人，每套房子情况都不一样，每个个体都有自己的判断，都有自己的想法，在价格上弹性就更为大。比如说，在新房销售中，同一时间购买的房子，除了因楼层、景观、朝向等方面的定价差异，否则价格差距都不大，最多是会砍价的或者有关系的便宜一点。但对于二手房买卖，虽然市场中存在参考价，但这并不代表该行情就会是成交价，最后的交易价格全看谈判能力的高低。一般来说，业主开价普遍比市场参考价偏高，而客户的还价总是低于业主底价，是否能成交的关键就在于客户能否答应业主的底价。所以，房地产经纪人一方面要降低业主的开价，另一方面则要拉高客户的开价，等于或高于业主底价，成交才会发生。

要想让业主降价，应视业主个人情况及当时的局势而定，主要的可从房屋缺点、同类比较、市场行情及趋势、看房者少等策略来说服降价。比如，以前来看房的不多而且长时间无法成交为由，打击业主的自信心，动摇业主守价的决心；或者让同事扮客户上门，让其指出房源的缺陷，并直接同业主还价，打击业主的自信，促使其降价。

在拉高客户还价方面，最好能抓住客户的关注重点，寻找出客户心中的“樱桃树”，以此作为突破口，不断激发客户的购买欲望。当客户的购买欲望足够强烈时，对于价格方面就有可能会松口。当然了，适当唤起客户的危机意识也是一个不错的办法，比如，多多强调房源的稀缺性，让客户看看最近火爆的成交记录，或者在带客户看房时辅以制造“僧多粥少”的局面，这些都可能引发客户的危机意识，促使其为了尽快成交而在价格上适当做出让步。

正确应对示范

（一）

（针对业主）

经纪人：“林先生，您好，我是××房产公司的小陈。您那套湖明丽景的房子现在卖多少钱？”

业　主：“小陈，我不是和你说过了吗，245万元。”

经纪人：“我知道，上个月肖先生来看房的时候，您出的就是这个价。但是您报这个价以来都1个月了，除了肖先生比较有意向之外，其他客户的购买兴趣都不太大。我想了解一下，您的价格是否能降低一些？”（以长时间无人成交来要求降价）

业　主：“没办法，我这价格已经很实在了。我又不是很着急要卖掉，卖不了就先放着。”

经纪人：“林先生，不知道您有没有关注房市的消息，最近各大报纸都在报道，国家又要出台政策抑制房价了，不但房贷利率极有可能上涨，而且限购令也即将出台，这样一来可就会大大影响到二手房的房价。如果调控政策真出台了，就不是价格的问题了，而是卖不卖得出去的问题了。”（以国家抑制房价为由来打击业主的信心）

业　主：“你胡说的吧，我怎么没听说。”

经纪人：“林先生，是真的，昨天《××日报》第三版就有报道，您可以去看看。”

业　主：“我相信房价不会跌的。”

经纪人：“是的，林先生，短期内价格是不会跌太多，但成交量肯定会萎缩。现在看房的人都少了很多，大家都在观望。而您现在这个报价和客户的出价其实差不了很多，只要稍让一点就能够早日成交。如果时间拖得长，即使房价不下跌，那房贷利息也是一笔不小的支出。”

业　主：“话是这么说，可是客户才出 242 万元，太低了。”

经纪人：“林先生，那您觉得多少价钱合适呢？”

业　主：“244 万元，少一分我也不卖了。”

经纪人：“哦，那和客户的价格还是有点差距。林先生，我再和客户谈谈，看看客户能不能也提点价。”

业　主：“好的，如果客户同意 244 万元，你再和我说。”

（二）

（针对客户）

经纪人：“肖先生，上周看的湖明丽景那套房子，您考虑得怎么样？”

客　户：“245 万元太贵了，我只能出到 242 万元。”（业主的低价是 244 万元）

经纪人：“肖先生，说实话，找一套自己喜欢又适合的房子不容易，而且这套房子不但户型方正，装修也非常不错，更何况产权满 5 年还不用交营业税。”

客　户：“如果是在 10 楼左右，245 万元是还可以。可是 2 楼，这个价格就有点高了。”

经纪人：“肖先生，这套房子虽然楼层低了点，可是它所处的位置好，出门就是公交站和地铁站，交通十分方便。再加上房子坐北朝南，无论是采光还是通风都非常好。这个片区有这样条件的房子可不多了。我有好几个同事的客人也在谈价，其中一个已经出到了 243.5 万元，业主都不同意。您要是真的有心想买，就出个实价。不过您一定要快哦，很多时候好房子就是这么溜走的。”（以房子的独特优势及热销场景来提高客户的出价）

客　户：“你再和业主谈谈，看看业主能不能降一点。”（客户口气有点松动了）

经纪人：“肖先生，242 万元业主肯定不会同意的。这样吧，您再加点价，我也好和业主谈。”

客　户：“那这样吧，你去业主谈谈，244 万元卖不卖。如果还不卖就算了。”

经纪人：“好的，肖先生，我再帮您和业主谈谈，能不能谈的下来我可不敢保证，我会尽量的。”

情景十一
临近成交，业主却突然又要提价

错误应对示范

1. 尊重业主的意愿，毕竟房子是业主的。如实向客户转告业主要提价。

点评： 尊重业主意愿是没错，但是如果贸然告知客户，客户很可能认为业主在漫天要价，没有出售的诚意。在这种情况下提价格，客户是不可能会同意的，甚至会因此放弃交易。

2. 教育业主这种做法十分不妥当。

点评： 这种做法是非常愚蠢的。要知道，房子是业主的，而且还没有签合同，未具有法律效益，教育或者质问业主是根本无法说服业主放弃加价，反而会引起业主的不满，要求业主降价或保持原来的报价更是镜中花水中月。甚至，业主会有可能撤销对你的委托。

情景解析

经过努力，客户基本认可了业主的报价，对房源也表示非常满意。眼看就要成交了，可是业主却突然要提价。对于这种情况，你是不是觉得很懊恼？要知道，在二手房交易中，因为业主反价而没能成交的单子不在少数。因此，房地产经纪人要谨慎处理业主的反价。

实务中，业主突然提价主要有以下几种原因：

一是因为客户过于爽快，没有还价或者是还价力度和强度不够，导致业主心里产生“是不是卖便宜了”的想法。

二是因为近期二手房市场价格上涨，业主的心理预期价格也随之上涨。

三是因为业主在多家中介放盘，或者虽然只在一家中介放盘，但前去看房的客户非常多，且很多客户都有意向，从而让业主觉得自己的房子很抢手，坐地起价。

四是因为业主之前不了解行情或者之前着急用钱，从而报了个低价想快速变现。现在，业主了解了市场行情或者经济状况得到改善，觉得之前的报价偏低，从而提价。

出现这种情况，房地产经纪人并不要急于告诉客户提价的消息，而应当先找业主进行沟通，晓之以理、动之以情，从房地产经纪人所付出的费用和时间精力说起，以期达到打动业主的目的，让业主觉得这价格是房地产经纪人付出相当的努力才得到的。沟通的时候，可以辅助使用例证法，唤起客户的危机意识，比如告诉业主之前也有此种情况出现，因为业主突然提价，两三个月内无人问津，最后不得不主动调整价格，浪费了出售的好时间。还有一种办法，就是可以找出相同房源的最低价，让同事扮演客户去看房，与业主谈价，把价格往最低处砍，这样一来打击了业主的心理期望值，对于价格也不会太过于坚持。

如果经过沟通，业主还是坚持要提价，且目前客户很难接受业主的新价格，那房地产经纪人也不必为此懊恼，可以采用“欲擒故纵”的方法：从容地告诉业主，除了这一套房源，客户还看了其他几套房源，如果提价了，客户就会选择购买其他房源了。

正确应对示范

客　户：“小张，你告诉客户，那套房子我现在要卖280万元，不是275万元了。”

经纪人：“哦，杨先生，您是说要提价了？”

客　户：“是的，275万元卖太亏了。”

经纪人：“杨先生，您也知道，您的这套房子我来来回回带了不下几十个人来看过，费了不少的嘴皮子，好不容易才谈到这个价钱。之前您也同意275万元成交，为什么突然间要280万元才肯卖呢？”

客　户：“275万元卖太亏了。我的房子条件这么好，其他中介也带了很多客户来看房，反应都很好。我相信280万元肯定能卖出去的。”

经纪人：“杨先生，我知道，最近一手楼市有转暖的迹象，房价也有所上涨。但是二手房价格相对是比较合理的，近期内不会有多少波动。而且多数今年非得买房子的人，已经买了，剩下的基本上是不着急买的。买房者现在买房态度不急，您这样一提价，可能只会令房子更难成交。”

客　户：“没关系，反正我也不着急用钱，不会急着要赶紧卖出去。”

经纪人：“嗯，是的，杨先生，我知道您的经济实力肯定没问题。之前也有一位客户跟您一样，觉得自己的房子条件好，可以等等再卖。但是两三个月内无人问津，最后只能主动调整价格，浪费了时间不说，之后的交易也不是很顺利。”

客　户：“你觉得最近的房价走势会如何？”

经纪人：“杨先生，我是这么看的：最近成交量确实有所回升，一手房价格也略微上涨了些。这主要是因为快年底了，一些刚需等不及了。但是，国家对房地产的调控是不可能放松的，最近中央和地方政府也一再重申这一点，毕竟现在中国的房价太高了。所以，在这种情形下，房价想出现前几年那样的暴涨局面是很难的。如果调控政策一直持续下去，房价下跌的可能性也不是没有。”

客　户：“我也是这么觉得，就是我太太一直认为房价会上涨，所以想放一段时间再卖个好价钱。”

经纪人：“杨先生，您太太的这种想法可以理解，卖房的肯定都想卖个好价格，没有人会和钱过不去。说起来，现在这个价格也不低了，你们这个小区里还没有卖过这样的价格的。这个客户比较着急，他是在北京做生意，过年回来给父母买套房子住，因为时间紧所以价格方面才会不多砍价。所以，如果您现在提价，客户可能就会去买别的房子了，毕竟他急着想在年前办好。”

客　户：“那这样吧，你先别和客户说。我晚上和我太太商量一下，然后再给你打电话吧。”

经纪人：“好的。”

情景十二
我是老客户了，中介费要多打点折吧

错误应对示范

1. “您既然是老客户，也应该很清楚，我们公司的价格制度，我给您的已经是最实惠的价格了。”

点评：这种说法很难打消这类客户的念头，他们对此早已有了一定的经验，普通的劝导对他们起不到什么说服作用。

2. “没办法，可以的话我早给您打折了。”

点评：这种说法与第一种类似，面对这类老客户，只言片语是难以劝服的。

3. “那您还想要多少优惠？”

点评：一旦采用这种回答方式，就会令自己陷于被动局面，同时提高了客户对降价的期望，反而增加应对的难度。

情景解析

市场营销学告诉我们，争取一个新客户的成本往往是留住一个老客户成本的5倍，在利润贡献方面，老客户更是新客户的16倍。据统计，一个忠诚的老客户可以影响25个消费者，诱发8个潜在客户产生购买动机，其中至少一人产生购买行为。

从上面这一组数据，我们可以清楚地看出老客户的重要性。对于二手房销售同样如此。二手房交易比较复杂，而且风险较大，如果客户在一家中介门店成功交易过，并且感觉良好，那么他就会对该门店该房地产经纪人产生信任。日后一旦有二手房买卖的需求，往往也会先想到曾经服务过他的经纪人。

很多有过网购经历的朋友都知道，如果你是某家店的老顾客，在收到的包裹里经常会有店主送的小东西，比如几颗糖果、一个手机挂链、一张贺卡、一双可爱的袜子……据众多网友反映，其实大家不是贪图那一点好处，看中的是那种被重视的感觉。

在二手房销售中也一样，老客户总是希望自己受到特别的待遇，哪怕只是及时递上的一杯水。有一位做销售的朋友这样调侃：不给客户面子，客户就不给你票子！接待老客户，最为重要的就是给他一个感觉，让他感觉到自己享受到了与普通顾客不同的待遇，得到了更加地重视。买衣服是属于感性消费，而不是理性消费，仅仅因为一个赠品、一句赞美、一种心情而产生购买行为的情况并不少见。这就是人们通常所说的“感觉很重要。”因此，对待老客户，要像对待老朋友一样亲切热情，把握说话的技巧，让老客户感觉在这里受到尊重，感觉到自己的重要性，这样老客户也会愿意配合你的工作，从而让销售过程变得顺利。

有一点需要注意，对于中介费，相对新客户而言，老客户在谈判价格方面绝对要比新客户来得难缠，他们往往会利用经验还有老客户的身份为筹码，对中介费提出更多的要求。在面对这类老客户时，房地产经纪人一定要懂得控制住折扣的尺度和底线，遏制住对方大幅砍价的想法，不要轻易做出让步，否则只会招致无休止的打折要求。而且，要把握好真正的让价时机，不确定成交之前，不要对价格作出过多承诺。对于一些常客或者购买多套房子的客户，可以将其介绍给公司上层领导，令客户感觉自己受到了足够的重视和尊重，自然也就提高了忠诚度。此外，还可以通过关照客户不要告诉他人自己所得到的折扣的方式，令其感觉自己的确得到了最大的优惠。

正确应对示范

（一）

客　户：“我都是老客户了，再打点折扣吧。”

经纪人：“李先生，我当然知道您是我们的老客户，所以我们给您的就是老客户的优惠价，新客户来根本没有折扣的，不信您可以到处问问。”

客　户：“你看，我之前来也是你接待的，你就直接点吧，到底能给我优惠到什么程度？”

经纪人：“那这样好了，假如您确定买下这套房子，我可以帮您向领导问问，说您是老客户了，能不能再申请多一些折扣，您看怎么样？”

客　户：“当然肯定了，我连钱都准备好了，只要你们能再多些优惠，我就立马付定金。”

（二）

客　户：“我都是老客户了，再打点折扣吧。”

经纪人：“李先生，您是老客户，应该知道我们公司的价格制度一向严谨，我们为您推荐的房子也都是非常适合您的，条件都没的说，正因为您是老客户，我一开始给您开的就是老客户的折扣价，其他客户都没有折扣的，您也应该清楚不是吗？”

客　户：“我都在你们这里买多少套房子了，就不能再优惠些吗？”

经纪人：“作为员工，我的确是没有办法给您再多的优惠了。不如这样，您如果确定要这套房子，我可以介绍您给我们领导，您直接和他谈谈，看看能不能再争取些优惠。但有没有办法争取到更多的优惠我可就没有办法给您保证了，您看呢？”

客　户：“好。”

情景十三
我是老客户介绍过来的，怎么说中介费也要多打点折吧

错误应对示范

1.“不好意思，我们已经给您打 8 折了，已经是非常优惠了，就算老客户来了也是这个折扣。”

点评：这种做法完全不给双方留任何的回旋余地，会让新客户觉得你不通情理，如果你这话传到老客户的耳朵里，他也会因为在朋友面前丢了面子而对你心生不满，再有朋友有购房的需求的话，也不可能再介绍到你这边。

2.“真的没办法了，价格都是我们公司统一规定的。”

点评：新客户一提出优惠要求就惨遭拒绝，会让新客户觉得你处事太过僵硬、不会变通，也完全无法让人感觉到公司对老客户的尊重。如果传到老客户那边，也会让其感觉颜面尽失，从而失去给你介绍客户的积极性。

3.“那您希望再优惠多少呢？”

点评：这种反问式的回答会让客户对折扣的期望值无限扩大，容易使你自己深陷一再被客户压价的被动境地。

情景解析

众所周知，获得一位新客户的成本远远高于维护一位老客户。而利用老客户的口碑宣传是不用花费任何额外的费用的，不少房地产经纪人和中介门店都利用这一点，对老客户采取了一些鼓励措施，但实际支出并不多，且都是在签订买卖合同之后、交易成功的基础下才产生的支出，是一种毫无风险的低成本运营。这与其他促销方式所花的费用相比只能算是九牛一毛，所以这种宣传销售的渠道逐渐受到越来越多公司的青睐。

房地产经纪人在接待这类新客户的时候，应该注意给予对方特别的尊重和重视，不仅要接待周到，还要时不时地表示出对老客户的感谢，好给新老客户双方都留下好印象。当新客户以此为由要求得到折扣时，房地产经纪人大可以在价格底线之上适当地为对方争取一些优惠。在让价时，不妨一点一点退步，以有效遏制客户得寸进尺的想法，还能让客户感觉你确实在为其争取利益，从而获得客户的信任。另一方面，也能令老客户感到满意和有面子，今后或许会介绍其他朋友前来光顾，也算是房地产经纪人的另一种人脉投资方式。

正确应对示范

客　户：“我是你们老客户介绍来的，怎么说中介费也要多打点折吧？”

经纪人：“黄先生，非常感谢您对我们的支持与信赖，既然是老客户介绍的，我们一定会尽量给您最大的优惠。根据公司规定，对于老客户介绍过来的新客户，我们在中介费方面统一给予9折的优惠。”

客　户：“不会吧，就这么一点？”

经纪人：“黄先生，说真的，9折已经很实在了。您也知道，我们中介费一般是不打折的。我们老板的亲戚来买房，也只能享受到这个优惠幅度。

其实，黄先生，相比中介费而言，房价才是大头所在。您看，因为是老客户介绍过来的，所以我们一直在努力为您找到一套最适合的房子，也努力为您在业主那边砍价，帮您省了十来万。这些天，我们所为您的服务您感觉满意吗？”

客　户：“服务还行，但这点折扣还是太少了。这样吧，您给个85折，我就买这套了。”

经纪人：“这样吧，黄先生，您也是个爽快人，我很想和您交个朋友。如果您今天就能定下来的话，那我帮您和经理申请一下，看看中介费能不能给您打个88折？”

客　户：“好的。谢谢你了。”

情景十四
如果你们中介费都不打折，那我还是算了，不买了

错误应对示范

1.“实在抱歉，给您85折已经是非常优惠了。”

点评：即使说的是事实，但这样直接拒绝客户的要求，他容易打击客户的购买积极性，不利于交易的进行。

2.“对不起，公司这么规定的，我也没有办法。”

点评：这种说法和第一种相似，都是直白陈述、直接拒绝，缺乏主动帮助客户的积极性，对解决情况没有帮助。

3.“假如房子不好，相信我给您再多折扣您也不会要，既然您这么喜欢这套房子，又何必还要计较这些小折扣呢？”

点评：这种说法虽然很实在，但也有可能引起个别客户的不满，理解为你是认定他会买这房子才一点折扣都不肯多让，反而会导致交易受阻。

情景解析

就目前的房价来说，买一套房子动不动就要上百万元，在大城市甚

至要好几百万元。以2.5%的标准来算，中介费通常都要好几万元。在谈完房价后，客户肯定也是希望在中介费方面能多少给点优惠，毕竟即使是小小的一点折扣算下来也能省不少钱。

遵循互利的原则，是达成交易的前提。不会有人在商场上是不求利的（要知道，购房者在购房时也是在做买卖，只有房屋的价值高于价格，只有他认为所得到的实惠大于所付出的中介费，他才算是有利可图）。永远要记住，对方坐在商谈桌前和你商谈的原因是他相信他可以从谈判中获得好处，即使可能性很小，他也不会就此放弃它，因为，那是他进行谈判的目标。因此，互利互惠是谈判中必须遵循的原则。

面对这种要求中介费打折否则不买的客户，如果一时无法满足对方的要求，房地产经纪人最为重要的是要先稳住客户。在沟通的时候，切忌直接拒绝客户的打折要求，否则很有可能会造成客户直接离去，而一旦客户离开了，这笔交易也就很可能告吹了。面对这种情况，比较适合的方式是先稳住客户，再将其注意点转移到其他方面，调动客户情绪，使其不再只专注于价格问题。比如，可以多给客户阐述购买这套房子所能带来的好处和利益点，将客户的思绪带进对未来生活的美好联想，等等。之后，再对客户强调公司的价格机制严谨，价格问题不是个人可以随意更改的，尽可能打消客户想要再次要求折扣的想法，同时也向客户传达了公司制度严明的正面形象。

在实际谈判中，有时提出一些高要求并坚决不松口的确是值得的。但有些时候，你必须为此做出一些让步，因为你必须意识到，获利是你们谈判的目的。如果仅仅考虑自己一方获利越多越好，而把要求定得过高，则有可能使你自己陷入僵局，对方会撤退，把你的要求扫到一边去，因为他从你这里毫无利益可言，或者获利极少。因此，当客户以中介费打折作为达成交易的前提条件时，为了促成交易，如果客户的要求不是很离谱，房地产经纪人可以尽量为客户争取一些优惠。在争取优惠的时候，最好是要求客户保证得到这些优惠后马上就能成交。并且，给予优惠的时候，不能一下子降到底，而要一步一步地降，同时要让客户看到你确实在努力为他争取利益，这样客户心里就会舒服。

价格让步的方式幅度等都直接关系到让步方的利益。在让价时，应注意以下几个方面的细节：

（1）为让价找出理由，绝对不可作无理由的让价。你应表现出让价只是出于对客户的赞赏，并适时地提出让客户帮忙推介的请求。

（2）不管你准备给客户多少幅度的折扣，都要尽量分计划分几次退让，绝对不可以一次退到底。通常让价太爽快的，客户的杀价会更猛。一般来说，第一次让价的幅度可以较大，以博得客户的好感与喜悦，若客户仍不满足时，则再作小幅度的让步，以明确的态度——让步是有限的，已退无可退了！但需要注意的是，第一次的幅度大也只是相对于后几次降价而言的，若幅度过大反而会引起客户的“疑虑”。

（3）折扣跟着小数点走，如 98 折——97.5 折——97 折——96.5 折。

（4）答应给折扣时，要装得神秘一点，放低声音，要求保密“可不能让别的客户知道了，要不我们就没法做了”。

（5）让价成交，必须让客户感觉这是最低价格，以满足客户的成就感（辛苦谈了半天，终于拿到最低价格了）。

（6）站在客户的立场上，让客户感到你是在处处帮他说话，让其觉得欠你一份人情，加强对你的信任。

此外，在与客户沟通时，房地产经纪人还应该时刻注意客户的感受，多些赞美，少些抱怨，也能令客户的态度缓和不少。最好能够站在客户的立场上去多为其考虑，即使真的无法获得折扣，也要尽力为客户争取更多其他方面的补偿，这样客户才会比较容易认同并且信任你。

正确应对示范

（一）

客　户：“算了，你们中介费都不打折，我不想买了。”

经纪人：“朱先生，说实在的，找一套好房子，找一套适合自己的房子的确不容易。像这套房子，您也很清楚，不仅户型好楼层不错，四周环境又很美，设施也齐全，最重要的是位置和路段都很好，将来会有很大的升值空间。不管您买来是自己住还是做投资，都是非常不错的选择。而且，您也看到了，我们已经非常努力才为您争取到了这么实惠的价格，没什么可挑剔的了，您说是不是？”

客　户：“这些我都知道。但你们中介费也太贵了，3万多元，可以买2平方米了。如果中介费能再优惠些，我肯定就买这里了。”

经纪人：“朱先生，您也来过我们这里很多次，相信您和我们一样清楚，公司有公司的规章制度，不是我们可以随便更改的，我们对中介费都有相应的规定，对所有的客户都是一样，这也是在保护您的利益，假如我今天给您算这个价，明天给别人又是更低的价格，相信您也会不高兴吧？这样吧，我看您也确实非常有诚意，人又实在，我也很乐意交您这个朋友。我看看向领导申请一下，帮您免去办理手续的代理费1 500元，您看行吗？”

客　户：“那好吧。”

（二）

客　户：“这样吧，中介费2万元，如果可以，我就直接下订金了。要是不行，我就到××中介买另外一套了。”

经纪人：“朱先生，相信您也清楚，比较起来，这套房子还是更适合你们，房子质量、格局、装修全都没得挑，小区环境清幽、设施齐全，住起来绝对舒适。您说呢？”

客　户：“房子是还不错，就是你们中介费太高了。×× 中介当时都说中介费可以给我们打 6 折。我现在同意付 20 000 元，比 6 折还高呢。”

经纪人：“朱先生，您想想看，与房价比起来，中介费应该算是很小的支出了吧？虽然中介费多付个 3 000 元左右，可是您看通过我们谈价，这套房子最少省了十万元吧？我们中介其实也很辛苦的，您看前后带您看过的房子不下 10 套吧？为了帮您谈个好价钱，我们也是非常尽力地在和业主沟通，尽量帮您多说好话。要不然，业主是很难会同意只卖 180 万元的。”

客　户：“说是这么说，可是中介费 6 折也是行情价了。”

经纪人：“朱先生，我知道您也是个爽快的人，您应该知道，公司有公司的制度，我们当员工的是不可以随便给客户折扣的，这也是对所有客户的一个利益保障。这样吧，6 折是做不到的，我帮您向经理申请一下，看看能不能给您打个 6.5 折？”

客　户：“那好吧。”

情景十五
我今天没带那么多钱，明天再来下订金吧

错误应对示范

1.“那好，那您明天记得带钱来付订金吧。”

点评：这种应对方式属于消极应对的方式，不利于交易的顺利进行。俗话说“夜长梦多”，客户一旦轻易地离开，什么样的状况都可能发生，真的再回来交订金的可能性会降低很多。

2.“不可能吧，您一个大男人出门怎么会一点钱都不带？”

点评：这种说法明显带有戏谑的成分，会让客户感觉经纪人是在瞧不起自己，从而心生不快，以致对交易产生阻碍。无论交易是否能达成，提供良好的服务都是房地产经纪人的职责所在，不给客户留面子的做法永远都不能做。

3.“您现在不下订金的话，以后再想买到这样价位的好房子可就难了。”

点评：虽然说理是这个理，但是这种说法太过直白，多少有了些逼迫的意味，会让客户感觉你只是在吓唬人，反而令客户更想拖延下订金的时间。

情景解析

通常，客户在被要求下订金的时候，心里多少都会有些不安和慌乱，难免会想找个借口先拖延时间，这是正常的表现。房地产经纪人要对此有所理解，但要谨记绝不能任意让客户拖延下去，在客户犹疑不决时伸手推他一把，就是促进交易达成的绝好机会。倘若轻易放过这个机会，之前的一切口舌和努力极有可能就此化为泡影，所以，在没有得到客户的订金之前，决不能轻易让客户就此离开。

即使客户表示身上只有少许现金，也可以问客户能够支付多少，然后象征性地先收取一些。如果客户说身上没有现金，而双方的关系又比较融洽随和的情况下，房地产经纪人可以建议客户到附近的银行取钱。同时，为了使客户下定决心，房地产经纪人可以向其分析下订金的原因和好处等，例如既然对房子很满意就应该早些确定，付些订金业主就不能再卖给别人了，而没付定金的话说不定什么时候房子就给别的客户先买走了，到时再后悔就迟了。

即使客户最后仍旧不愿意下订金，房地产经纪人也无需立刻就感到失落或气馁，还是可以进一步询问客户不肯下订金的原因，再针对客户原因找出相应的解决策略，不要放过任何一丝促进成交的机会。

正确应对示范

（一）

客　户：“我今天没有带钱，改天再来吧。”

经纪人：“这样也行，不过您要知道，这段时间买房的人很多，而且这套房子各方面条件都很不错，您要是没有及时下订金，说不定立马就被别人买走了，那样就很可惜了，不是吗？”

客　户：“这我也清楚，只是今天出门比较匆忙，的确忘了带钱在身上。”

经纪人：“那倒也是，人都有匆忙忘事的时候，再说您一大老板带太多现金在身上也不方便，不过没关系，您带有银行卡或者信用卡吧，前面直走就有银行和取款机，我陪您一起过去吧。”

客　户：“那好吧。附近有中国银行的自动取款机吗？”

（二）

客　户：“我今天身上带钱不多，不如明天再来交订金吧。”

经纪人：“带的不多也没有关系，您带了多少？可以交一部分先把这房子定下来，您这么喜欢这房子，我们就可以先帮您留着，免得之后被别的客户买走了岂不遗憾，您说是不是？剩下的钱您可以明天再带过来补上。”

客　户：“呃，这个嘛。”（客户依旧有所迟疑）

经纪人：“这房子条件多好您也是清楚的，看了这么久好不容易相中一套房子，先买个保障才安心，您说是吧？”

客　户：“那好，我这里有3 000元，先当订金吧，剩下的我明天再拿来。”

情景十六
在讨价还价过程中，客户突然产生不满

错误应对示范

1. 觉得这客户太难缠，选择放弃。

点评： 轻易放弃不是一个优秀房地产经纪人的正确做法。

2. 和客户针锋相对：别欺人太甚，爱买不买。

点评： 和客户争吵，对于房地产经纪人来说永远都会是吃亏的。

情景解析

如何在瞬息万变的谈判中保持清醒的头脑，合情合理地进行讨价还价的工作，这是每个房地产经纪人应该解决的问题。

在讨价还价过程中谈判双方很容易感情冲动，一不留心，就会演变成个人冲突，生意也因此而告吹。所以，在与客户讨价还价的时候，我们必须保持心平气和的态度。这除了跟双方个人修养有关外，作为房地产经纪人，我们还需要在销售前充分预见、分析买卖过程中可能发生的种种情况，制定好应付措施，做到胸中有数，这样才能临阵不乱，在千变万化的形势面前从容镇定，心平气和地据理力争。

谈判的禁忌

谈判是一件费时费力的工作。当事情的讨论达到高潮或时限将至时，紧张的气氛往往会让人变得烦躁而不愉快。因此，一定要为谈判创造一个和谐的气氛。

创造和谐的气氛，必须让对方对你没有敌意。在购房谈判中，有些做法是很容易让对方产生敌意的，你应慎重并尽量避免这些做法：

1. 苦苦询问对方。在谈判中，如果你用一系列的询问使对方在身体上、心理上受到困扰，情感上受到损伤，客户是绝对不会像囚犯一样温顺地接受你的审讯的。

2. 只顾眼前利益。如果你为了促使对方尽快购房，而采取欺诈的做法，一旦让客户识破，他会立即退出谈判的。

3. 不坦诚、说假话的人最令人反感。坦诚是获得同情的最好办法。

4. 切忌武断。除非有绝对把握，否则不要说“我确定如此”之类的话。武断专行只会激起对方的反感和敌视，使谈判气氛恶劣。

5. 千万不要做丢对方面子的事。是人都爱面子，当一个人自我受到威胁时，往往会像刺猬一样充满敌意。精明的谈判者，常常善于顾全双方面子，有一种控制自我情绪的习惯，并能够对对方谈话中自相矛盾或过火的言谈表现出极大的忍耐性，并克制和谦虚地表示自己的意见，他们常用“据我了解”、“我认为”、“是否可以这样”等委婉的说法来阐述自己的真实意图。这种态度会使本来相对敌视、相互僵持的谈判变得气氛融洽。

谈判气氛趋于紧张，矛盾冲突尖锐时，千万不要冲动。你一旦失去了冷静，就得为它付出代价。在谈判中，你应努力保持清静的头脑，不管客观上有多大的干扰，也应稳定自己的情绪，忍耐克制，尽力使气氛趋于缓和，甚至巧妙地说说笑话，制造出和谐的商谈气氛。

在价格谈判的过程中，双方很容易情绪激动，一不小心就会发生语言冲突，交易也因此告吹。美国一家公司的经营信条非常出名：

第一条　客户永远是正确的；

第二条　如果客户错了，请参照第一条。

也许有人不认同如此绝对的看法，但是它所表达出来的“维护客户面子”的想法非常好。人人都爱面子，不论是谁，都不愿意花钱买不开心。所以，请记住，作为房地产经纪人，我们千万不要做丢客户面子的事。

精明的谈判者，常常善于顾全对方的面子，能够忍受对方在谈判过程中的过分表现和矛盾之处。在谈判中，不妨多用“据我了解”、“我认为”、“是否可以这样“等委婉的说法来阐述自己的真实意图。这种态度会使原来立场相对的谈判氛围变得融洽。

正确应对示范

客　户：“还是太贵了。湖滨三里那个海晟花园一平米才 16 000 元呢。”

经纪人：“刘先生，海晟花园的房源我们也有，那个小区的均价也已经到 17 500 元了。”

客　户：“什么？ 17 500 元？上个月我才去看过，就是 16 000 元嘛。你这人太不实在，以为我们购房者什么都不懂吗！”

经纪人：“刘先生，您别急，可能是我表达得不够清楚，我刚才说的是均价。您说的一平方米 16 000 元也确实存在，因为朝向、楼层、装修等条件不一样，价格也会有所不同。当然了，这方面不是我们关注的重点，因为您也说过了，您买房主要是为了让孩子就读湖明小学，是吧？“

客　户：“是的，要不然我早就买了海晟花园那一套了。这里房子和海晟花园根本没法比，房子旧、停车又难，不就因为能上个好点的学校吗？价格竟然贵了那么多！”

经纪人：“是啊，这一带的房价确实是比海晟花园那里高了不少。现在大家为了孩子上学也着实是累啊，像您这种有能力的，还可以为孩子挑个好学校，着实让人羡慕。好多外来的，连最差的公立学校都很难进，更别说像湖明小学这样的名校了。上个月不就是因为孩子上学问题，湖里区有好多人到教育局闹了嘛。如今，大家都是为了孩子，围着孩子团团转，谁都希望自己的孩子能赢在起跑线上。刘先生，您说呢？”

客　户：“是啊，现在的学区房真是贵得离谱。小张，您帮我和房东再谈谈，看看价格上还能不能再少点？”

FANG DI CHAN
JING JI REN
ZHE YANG SHUO
ZHE YANG ZUO

第六章

促成交易情景演练

情景一
我还要回家和家人再商量商量

错误应对示范

1.“好的，那等您商量好再过来吧。”

点评：不管顾客是不是真的要和家人商量商量，如此放任顾客自行去决定，很有可能会就此失去一次交易机会，尤其是还存有异议未解决的客户。

2.“您既然这么喜欢这套房子，这房子又很适合您，还考虑什么呢？”

点评：这种说法空乏没有说服力，对改变客户的想法是没有任何帮助的。而且，有些敏感的客户，还会认为你这么说有点强买强卖的意味：凭什么我就不能再多考虑一下呢？

3.“您这么喜欢，您家里人肯定也不会有意见，您就自己决定好了。”

点评：这种说法没有掌握好分寸，假如客户恰好是位爱家且尊重家人意见的人，那么这种无视家人看法的态度就极易引起对方的反感。

4.“好房子不等人的，现在看中这套房子的客人非常多，我可不敢保证到时你还能买得到。”

点评：话是没错，可能客户商量好了决定要买了，房子已经被别人买走了。但如此直白的逼定，客户却不一定会相信你。甚至，有些客户会认为你如此着急让他下定，是不是中间有什么猫腻，从而会让其更小心谨慎，拖延决策的时间。

情景解析

在要求客户下订金的时候，有些客户会表示“要回家同太太/父母等家人商量一下再决定”。据一份调查显示，客户表示要回家和家人商量，其实大多是故意找借口推迟购买的意思，只有10%的客户是真的要回去商量后再做决定的。那么，面对客户的推托，房地产经纪人要如何做呢？

当客户提出这种回家商量或考虑的理由时，通常会有以下几种可能：一是以此为挡箭牌，好推迟时间再作打算；二是担心自己一个人决定太过轻率，需要与家人一同商议之后再做决定；三则是此次购买并不是自己一个人可以决定的，需要征求家中多位成员的意见。

在面对这种状况的时候，房地产经纪人首先要考虑客户这么做的理由，并要对客户的做法表示理解，再通过询问或者其他方式了解客户的真实想法和原因。假如客户是有决策权，只是想要回去与家人商议，那么房地产经纪人可以尝试以户型畅销、条件优异等理由尽量让客户趁早做决定；假如客户并不是单独的决策人或者说没有决策权，那么同样也可以向客户传达房屋畅销的紧迫感，令其尽快和家人商议决定或者尽早带决策人一同前来交付定金；而如果客户仅仅是以此为挡箭牌，想要推迟购买或者得到一些优惠的话，房地产经纪人可以在允许范围内适当做一些退让或允诺，促使其能够立即做出决定。

不管实际出于哪种情况，当客户提出这种说辞时，最有效的方法就是让对方先下定金，不管定金数额多少，只要客户下了订金，他反悔的几率就小很多了。

正确应对示范

（一）

客　户：“我回家和家人商量商量再决定。”

经纪人：“嗯，也是，买房是大事，和家人多商量商量，考虑清楚再做决定才比较保险。”

客　户：“对啊，等我和家里人商量好了再带他们过来看看。”

经纪人：“嗯，这没问题。只是，刘先生，这套房子的性价比的确很高，房子的各方面条件都不错，之前已经有不少客户看过都觉得满意，我可不敢保证它会不会被别的客户先买走了。之前我有个客户也是这样，房子看满意了，条件也谈妥了，就是做事不够果断，说要再和家人商量商量。这下可好，房子当天晚上就被另外一个客户给定走了，他后悔得不行。”

客　户：“不会吧，哪有那么凑巧。”

经纪人：“刘先生，您也知道，最近二手房交易很火爆，这种情况可是经常都会碰到的。尤其是像这样的小三房，市场非常紧俏，在岳阳这片区，基本上是出来一套抢一套。而且，有时候，业主也会反悔的，比如今天谈好价格了，如果没有马上下定，再有中介给业主打个电话说有客户看中了，客户很可能就会临时提价。毕竟谁都不会和钱过不去，能多卖一万就是挣了一万。”

客　户：“哦。那这样吧，我现在给我太太打个电话，让她请假过来看看，如果她也满意我们就直接付定金了。”

（二）

客　户：“我先回家和家人商量商量再决定。”

经纪人：“刘先生，您还要跟谁商量呢？刚刚和您交谈我就看得出来，

10个男人也没有一个像您这么有主见的，看您的气度、气质，听听您的谈吐，就知道您是一个有魄力的成功人士。再说，您商量什么呢？这样好的地段，这么好的环境，这么低的价格，还能让孩子就读名校……您做生意这么成功，一定比我更清楚生意场上的决策必须是果断，否则，时机是稍纵即逝，把机会白白错过。”

客　户：“……”

经纪人：“前几天，我手上的一个客户，看中了××花园11楼的一套三房，我劝他赶紧定下来时，他说要回家去商量，第二天给回话。结果呢，当晚这套房子就被另一个客户看中了，当即签了合同。第二天，他们一家人兴冲冲地带着钱准备来签合同，说很满意那套房，我真不好开口告诉他们。刘先生，买房就和做生意一样，要当机立断，您说呢？”

客　户：“话是这么说。可是我还是觉得这价格有点高。既然业主的价格没法再少，那你们中介费多少再给点优惠吧。”

经纪人：“刘先生，您这可真是难为我了。中介费我们已经给您打了8折，要知道，像这样的好房源，我们一般都不打折的。”

客　户：“多卖一套你就可以多拿点抽成，你就收少点吧，打个6折，我就马上下订金。”

经纪人：“刘先生，我看您也是个爽快人，我看看能否向领导申请一下，多给您点优惠。毕竟以后您住在这里，我们就是邻居了。不过，6折肯定没办法的，我看看能否申请到7折。您觉得这样可以吗？”

客　户：“那也行，7折就7折。”

情景二
我再比较比较看看吧

错误应对示范

1. 客户既然想比较就让客户去比较。

点评：这种应对方式太消极，房地产经纪人应学会掌握整个销售进程，而不是跟着客户走。客户说要比较就觉得无所谓，自己房源有优势，客户爱比较就去比较。事实上，每套房子都有自己的优缺点，客户在判断时肯定无法去做全面分析，最终是选择越多越不好选择，很可能客户就会选择了其他房源，或者客户看中的某套房源被其他中介先卖出去了，但无论如何，房地产经纪人还是未能取得这一笔业绩。

2. 表现得很心急，一直催着客户尽快成交。

点评：尽早成交肯定是每个房地产经纪人的愿望。问题是，心急吃不了热豆腐，如果你将这种心态表现出来，让客户知道你非常急于成交这一单，无形中就会给销售造成障碍：客户会利用你的这种心理借机压价，或提出其他额外要求。

3. 打电话给客户，谎称有客户看中了这套房子，要客户赶紧来交订金。

点评：这种方法是房地产经纪人在销售中经常用的。应该说，这种方法是一种冒险的逼近方法，并不一定就灵验，关键还要看客户的心理和对房源的喜爱程度。有可能，客户真的被你“吓唬”到了，很快就做出购买决定；也有可能，客户会觉得你这人太过狡猾，从而将选择的天平倾向了其他房源。

情景解析

客户明明已经动心了，却还是迟迟未能做出购买决定，还想再比较比较，看看其他房源，这是为什么？通常情况下，客户之所以还想再比较比较，不外乎以下几种原因：

一是这套房子虽然还不错，可是价格太贵了，想看看其他房源有没有更便宜的。对于这种情况，房地产经纪人一定不能轻易让客户长时间地比较，而是要适时地引导客户，让其了解如果自己一再地比较就很容易错失良机。当然了，房地产经纪人最好首先了解客户想再比较看看的对象是哪里的房源，在获得客户中意房源的资料后，对竞争房源很明显的优点应加以承认，同时以坦诚的态度告知客户竞争房源的一些不足之处。

二是客户希望在做购房决策时谨慎对待，想要做进一步的观察，再比较几套房子，以免过早下决定又后悔。对于这种情况，房地产经纪人应让客户深刻认识到这套房子所能带给他的好处，让客户明白这套房子才是最适合他的。因此，房地产经纪人应紧紧抓住客户最为重要的关注点，并将房源的卖点与客户的关注点结合起来，以促使客户尽快下定购买决心。

三是客户在观望市场行情，还没有准备出手。对于这种情况，房地产经纪人应站在专业的角度上，让客户明白此时出手的时机是适合的，同时适当地采取一些逼定的手法。

正确应对示范

（一）

客　户：“我再比较比较看看吧。”

经纪人：“郭先生，看得出来您挺喜欢这套房子的。您还想再比较，是不是您在其他地方看到有中意的房子？”（直接向客户探询原因）

客　户：“不瞒你说，我前天在××花园也看过一套房子，12楼，也是三房两厅的。其他都还不错，就是小区有点小。我想多比较比较再决定。”

经纪人：“嗯，应该说，××小区那边的地理位置也不错，挺繁华的，交通也方便的，那里的三房户型我也看过，挺方正的。正如您所说的，那个小区确实小了点，只有五栋楼。小社区在绿化方面确实要差不少，缺少一些活动空间。像您家里有小孩，还是找个大社区的好，可以经常带小孩到户外活动活动，和其他小朋友经常玩玩。”（坦诚地向客户表示竞争房源的优缺点，当然重点是房子的缺点）

客　户：“是的，我也是这么想，所以当时就没马上确定。”

经纪人：“郭先生，针对您的情况，我个人觉得这套房子更适合您的，楼层好，户型方正，南北通透，而且还是个大社区，环境非常不错。”

客　户：“是的，从小区环境来说，你们确实更好。就是不知道价格方面能不能再优惠点？”

经纪人：“郭先生，这个价格也是行情价了。您看，周边那个富山花园，房龄比骏景园长，小区也没骏景园漂亮，现在都要卖15 000元了。要不这样，我把业主约过来，大家坐下来当面谈谈？”“

客　户：“那也行。”

（二）

经纪人：“郭先生，您觉得这套房子怎么样？”（发现客户对房子很满意）

客　户："恩，还行。"

经纪人："那您看是先交 2 万元订金，还是 3 万元？"

客　户："不急，我再比较比较。"

经纪人："郭先生，看得出来您挺喜欢这套房子的，您还想再比较，是不是您在其他地方有看到中意的房子？"（直接向客户探询原因）

客　户："我才看了两套房子，想多看几套之后，比较比较再做决定。买房子可是件大事，不能太随便。"

经纪人："是的，郭先生，您说的没错，买房子是件大事，需要谨慎。您刚才也仔细看过了，和您之前看的那套，比较起来怎么样？"

客　户："嗯，户型不错，装修也还可以。高楼层也挺好的，还可以看到仙岳山。"

经纪人："是啊，郭先生，应该说，这套房子的确非常不错，业主开的价格也很实在，很多客户都很感兴趣。买房子谨慎没错，但是很难得能看到一套这么符合自己要求的房子，现在好房子不等人，尤其是像这样的小三房，基本上是出来一套抢一套。如果你再去看其他房子，很可能会被其他客户先买走了。刚刚您也看到了，我们下楼的时候，另外一家中介也带客户上去看房了。"（引导客户权衡两者利弊）

（客户表现出一丝犹豫）

经纪人："郭先生，好房子是不等人的。最近市场成交非常火爆，尤其是和祥西这一带的，不但地段好，交通便利，而且周边商场林立，莱雅百货、天虹商场都只要几分钟的路程，更为重要的是有个好学校，所以这一带的房源都非常抢手。前天我有个客户也是这样，看中了骏景园的一套三房，感觉挺满意，就是犹豫了几天，结果当天晚上就被别的客户先买走了，他后悔得不行。"

客　户："算了，我也懒得再看了。您把业主约过来，今天就定了吧。"

情景三
客户看上去已经动心了，但不知为何还是犹豫不决

错误应对示范

1. 不着急，既然已经动心了，肯定会买的。

点评： 这样消极等待，通常结果就是客户在其他中介那里买了别的房子。或者，即使客户最终还是通过你买了房子，可能也多浪费了你不少精力，从而影响了你的业绩。

2. 苦苦逼定。

点评： 逼定是必需的，但不讲究方式、方法的苦苦逼定，只会适得其反，反而让客户更小心谨慎，不敢早点做出决定。

情景解析

在销售活动中，经常会有这样的情况：客户看上去已经动心了，但不知为何却还总是犹豫不决。对此，房地产经纪人该如何做呢？

没有促成就没有交易，促成是交易的前提。要等客户主动跟你说"我决定购买这套了"，就像让粮食自动跑到粮仓让猎物自动撞树而死一样难。正如乔·吉拉德所说的："争取成交就像求婚，不能太直接，但你必须主

动。”成交需要房地产经纪人的主动。不主动提出成交要求，就等于你瞄准了猎物却没有扣动扳机。

在客户下定购买决心之前，总会有一个最后、最激烈，同时也是最容易受客观因素影响的思想斗争。也就是说，客户在做最后的购买决定时，往往会由于某些方面的顾虑，而表现出犹豫不决的态度，这时，他就需要借助他人的意见，以促使自己下决心。在这个抉择性的时刻，旁人以及房地产经纪人的言行都会对客户的决定产生重大的影响。因此，房地产经纪人千万不能采取“悉听客便”的坐等态度，一旦时机成熟，就应主动建议客户购买，以促使客户下定购买决心。记住：我们不能被动地等候客户说购买，而是要主动建议客户购买。

1. 提醒客户需求

客户购买的出发点是他有需求，而且房源的各项条件能满足客户的需求。有时候，客户虽然已经表现出了一定的购买意向，但是他们可能仍然还有些犹豫。这时，房地产经纪人可以委婉地提醒客户的需求，比如：

- “买了这里的房子后，您儿子就可以入读实验小学了……”
- “这么安静的小区对您的父母安享晚年是非常有好处的……”
- “区政府一搬过来，将来这里肯定很繁华，到时您一转手就可以挣几十万了……”

记住，在提醒客户需求的时候，房地产经纪人要力求抓住客户最关心的问题，以达到事半功倍的效果。

2. 增强客户信心

在临近成交的最后时刻，客户通常需要房地产经纪人帮助他下定购买决心。在这关键时刻，房地产经纪人必须让客户充分了解购买这里的房子能为他们带来什么利益，最好能够强化客户特别满意的那方面优势，以增强客户的购买信心。

要记住，优点并不等于利益，关键是要把房源的利益与客户的需求相结合，让客户相信此次购买行为是非常明智的决定。比如：

- “您看看，住在这个小区有××企业的杨总、××大学的张教授……”
- “先生，您可真有眼光，目前小两房是市场上最紧俏的，前天有个炒房客也是一下子就买了五套小两房……”
- ……

3. 巧妙地试探询问

建议客户购买最好不要采取赤裸裸的形式，避免用那些诸如“我们现在就把合同签了吧”之类的令客户比较敏感的商业性语言去催促客户成交。因为这些做法都会引起客户的不满，很可能会使最终结果与你的交易目的背道而驰。

“试探”是一个比较合理的建议客户购买的方式，它让客户更容易接受房地产经纪人的建议。只要你认为客户对房源已经产生兴趣，你便可以试探性地建议客户成交。如果客户还没有决定要买，他是会明白告诉你的，这样可以使自己不至于错失良机。比如：

- “订金您是刷卡还是付现金？”
- “您想办15年按揭还是20年按揭？”
- ……

4. 引导客户做决定

犹豫是购买的正常现象。但是，作为房地产经纪人，我们不能等待客户无止境地犹豫下去，对于一些没有主见、摇摆不定的客户，我们可以大胆地建议客户购买，以结束销售。

引导客户作决定时，应使用一些诸如“我觉得……”、“我认为……”等较为委婉的语言，以一种建议的口吻去帮助客户做决定，以消除客户的警戒心理。

需要注意，引导客户购买不是让你替客户拿主意，更不是让你替客户承担决策责任。否则，真正出现了问题，你承担得起吗？即使客户不追究你，你起码也会因此失去客户的信任。因此，在帮客户做决定时，房地产经纪人不能说出“相信我一定没错”、“听我的，这一套真的很不错”这样绝对化的语言，而应该说“我建议……”、“如果我是您的话……”，以一种建议的口吻去帮助客户做决定。

正确应对示范

经纪人：“张老板，您是个生意人，我现在照实分析一下，您听听看这套房子值不值得买，好吗？”

客　户：“你说。”

经纪人：“第一，您不是刚搬来这个城市吗？房东赠送全部家具家电，可以随时入住；第二，房东着急用钱，只要您能马上下定，房东说可以再退一步；第三，这里离您新开的店很近，您上班下班都很方便。就从这些情况来看，我觉得您现在买这套房子是最明智的了。”

（这是“富兰克林成交法”，它是由美国著名政治家富兰克林发明的，其核心内容是：销售人员把客户购买产品所能得到的好处和不购买产品的不利之处一条一条地列出，用列举事实的方法增强说服力。它简单明确，并且容易理解，是销售人员成功销售的良好工具。

使用这种方法，就是要把客户购买这套房子所得到的好处以及不购买这套房子的缺憾全呈现在客户面前，促使客户坚定购买想法，下决心购买。这一招尤其适用于较为理智的客户，他们会认为我们只是在列举事实，没有吹嘘夸耀的成分，说服力较强。）

情景四
客户拖家带口前来看房，大家意见不统一

错误应对示范

1. 抓住认为最重要的人，进行重点说服。

点评：到底谁是最重要的人？你能分得清吗？

2. 重点说服使用者。

点评：这样做的前提是使用者有购买决策权，否则需要重点说服的还有具有决策权的人。

3. 抓住掏钱的人。

点评：一般情况下，掏钱的人就是做决策的人，但有些客户买房是送给父母或者儿女的，他们往往以住房使用者的意见做决策。当然，掏钱的人不可小视，毕竟掌握了经济命脉的人说话还是有一定分量的。

情景解析

购房毕竟不是件小事，客户通常不是只身一人前来看房，而是带上家人一同前来。你可千万不能忽略这些人，他们即使不能替客户做

购买决定，也能影响甚至左右客户的购买意愿，从而干扰我们的销售活动。

当客户携家带口的一大堆人一起前来洽谈看房时，有的房地产经纪人看了这阵势就心虚，认为这种客户最难对付，通常是一家几口人七嘴八舌的，不知所云，更不知该听哪个的意见好。其实，这种客户并不难对付，只要你用心去观察，用心去体会。而且，这种客户基本上都是购买诚意非常高的客户。

接待此类客户，最关键的是要找到真正的“购买决策人”。要准确判断出此决策人，关键是先清楚他们购房的目的，是自己住，还是给父母住，或者是要送给儿女。如今房价高企，买房的资金绝对不是一笔小数目，因此房地产经纪人还要搞清楚谁是买单的那个人，毕竟掌握了经济命脉的人说话还是有很大分量的，即使买单的人不是为了自己住。

在一般情况下，家中的顶梁柱通常是“幕后家长”（可不一定是真正的家长哦），他们是最有决策权的。当然，在某些时候，老人、孩子也是有决策权的，这就需要根据他们的购房目的判断了：是为了儿女，还是为了父母亲养老？这个日后房子的真正受益者就是那个“幕后家长”，他就是最有发言权的人。

当然，有些一大家子一起来看房的客户，其购房目的是为了“几代同堂”或建立一个“三口之家”。这时，如果你发现里面有一个拥有绝对权威的人物，那么这个人就是决策人物，他的意见是举足轻重的；此外，你也不能忽视其他家庭成员的意见，虽然他们的意见不是决定性的，但他们会影响决策人物的意见。为此，在这种情形下，你最好能够全面考虑整个家庭所有成员的意见，并着重与“决策人物”沟通。

此外，在客户一家人意见不够统一的情况下，房地产经纪人最好能为自己找一个“同盟”，改变势单力薄的不利局面。即先博得一方的好感，然后利用这个人去说服尚处于犹豫中的其他人。

正确应对示范

（一）

人物设定：林先生（掏钱者）、林先生父亲（决策者兼使用者）

经纪人：“林叔叔，您的儿子上次来看过这套房子后，觉得很满意，非常喜欢，不知道您看了以后觉得如何？”

张父亲：“嗯，看起来是还不错，就是楼层高了点，我们老人家还是住低楼层的好。”

经纪人：“林叔叔，您看起来不到 50 岁吧？”

张父亲：“哪里啊，我已经快 60 了。”

经纪人：“不会吧，林叔叔，您的年龄和我父亲差不多，但看起来比我父亲年轻好多啊，瞧您那面色多红润。您保养得真好。听说您以前是在政府机关上班的，马上要退休了，来厦门养老真的是非常合适的，毕竟厦门是花园城市，环境好。我老家那边也有好多人退休了都到厦门来住。”

张父亲：“小姑娘，您可真会说话。不过厦门环境是不错，儿子儿媳孙子又都在这里，所以他们就想在边上也给我们买一套，住得近互相有个照顾。”

经纪人：“是呀，一家人住得近，多方便啊。您儿子可真有出息，能给父母亲买这么漂亮的房子，像我，都不好意思说了，到现在自己还没买房呢。”

张父亲：“小姑娘，您还年轻，有的是机会。你们有没有这附近楼层低一点的房源？”

经纪人：“林叔叔，楼层低的房子也有，不过我还是建议你们买这一套。去年，我父亲的一个同学也来厦门买房，也是觉得老人家住在低楼层的好。结果，前些天他把去年买的那套房子给卖了，换了一套 16 楼的。为什么呢？

因为厦门是个岛，空气比较潮湿，尤其是春天的时候容易返潮。何况，现在的房子都有电梯，也不用爬楼梯，所以还是高楼层的好。”转向林先生，“林先生，您觉得我说的有没道理？年初我从老家刚回厦门，发现家里地板湿漉漉的，好不舒服。”

林先生：“嗯，是的，爸，小王说的没错，厦门太容易返潮了，还是高楼层的好。”

张父亲：“这样呀，那还是高点的好。天气潮湿，我的关节炎会更难受的。”

经纪人：“嗯，林叔叔，高楼层不但不会那么潮湿，而且站得高看得远，像这套23层的，可以看山看海，景色可美了。”

张父亲：“那好吧，就听我儿子的，就这一套吧。”

（二）

经纪人：“林叔叔，您的儿子上次来看过这套房子后，觉得很满意，非常喜欢，不知道您看了以后觉得如何？”

张父亲：“嗯，看起来是还不错，只是面积太大了，总价超出我们的预算了。”

经纪人：“林叔叔，上次您儿子也提过，说你们过两年就退休了，是吧？

张父亲：“嗯，是的。”

经纪人：“林叔叔，退休后您也会经常来这边看看儿子吧？更何况，您儿子也说明年就准备要小孩了，有了小孩，总得有个照看孩子的，那样房子就要大点了。”

张父亲：“话是这么说没错，可我们预算只有150万，超过这么多，我们没办法啊。”

经纪人：“其实，林先生还年轻，如果预算无法一次到位的话，可以考虑按揭贷款啊。现在的年轻人都是这么做的，等几年后经济宽裕了，再一次性付清，这样生活压力就会减轻很多。”

张父亲："我只能拿出这么多钱，这个你得问他。"

经纪人："林先生，要不这样，我现在就帮您计算一下，做7成15年按揭，看看能不能解决这个问题？"

林先生："好的，那就贷个5成吧。剩下的钱，还可以拿来投资点股票。"

……

经纪人："林先生，其实以您目前的经济实力，应该是完全没有问题的，您说呢？"（参谋提出异议时不要反驳，无法赞美的情况下，可适当忽视，继续征求决策人的意见）

情景五
客户带朋友前来一起看房，担心客户受朋友影响

错误应对示范

1. 对陪同前来看房的朋友不予理睬，只抓住客户本身。

点评：虽然客户本人才是真正的购房者，但既然客户会带朋友前来一起看房，就说明这个朋友的意见会对其购房决定产生一定的影响。因此，如果忽视了陪同的朋友，就会导致陪同的朋友制造“购买障碍”。

2. 对陪同前来看房的朋友十分热情，对其意见非常重视。

点评：对陪同客户前来看房的朋友是要热情，对其意见也是要重视，但要注意引导这个朋友的意见，否则如果客户与其朋友意见不统一，那就只会让客户更加难以做出购买决定。

情景解析

在通常情况下，客户能够带朋友来一起看房，说明他的这位朋友应该还是懂一点房地产的，最起码他买过房。无论如何，既然客户请他做参谋，那么他的意见对于客户的购买决定是会产生一定影响的。为此，房地产经纪人在重点说服客户的同时，千万不能怠慢了他身边的“参谋”。

一个最好的方法，就是给足这位“参谋”面子，吹捧他，比如，“看来，您的朋友真是位专家”“我从来没有碰到那么懂房产的人”。即使他的意见不是完全正确甚至是不懂装懂，你也不要毫不留情地揭穿他，而是要给他留足面子。这样，他才会对你有好感，才不会破坏你的销售活动。

谁都喜欢被赞美。相信只要给足客户朋友的面子，适时地吹捧一下他，他是不会太为难房地产经纪人的。当然了，有些人喜欢不懂装懂，了解一点儿皮毛就说三道四。虽然这些人很让人讨厌，但是房地产经纪人也不能毫不留情地揭穿他，而是要给他留足面子。这样他才会对你有好感，才不会破坏你的销售活动。

对于朋友结伴前来看房的，房地产经纪人还可以通过两个小方法来判断谁是决策者（当然，这些方法不是绝对有效的，只能起到辅助作用，关键还是要靠房地产经纪人在与客户洽谈时去探询真实情况）:

第一，通过观察两人的距离、说话的亲密程度及肢体语言等，看看他们的关系是否足够亲密。亲密的好友往往拥有一定的参与决策权，最起码其意见也是具有较大影响力的，而且因为关系亲密，他也比较敢提意见，从而影响购买者的决策；如果关系不够亲密，比如只是普通朋友或一般的同学、同事关系，那这个随同者可能只是陪衬而已，购买者拥有独立的决策权，而且由于关系不够亲密，他们通常不会对购买者大胆提出反对意见，说话分量不足。

第二，看他们之间所处的位置，一个基本原则是：两人行，左边为尊；三人或三人以上平行，注意中间。根据心理学家的分析，在群体同行时，人们往往会有意识无意识地把最重要、最有影响力的人放在固定的位置上：两人同行，具有影响力的人通常是走左边；三人同行（平行走），那个较为重要的人物一般是在中间；如果三人不是平行走，那么走在后面的，一般是他们的中心人物。

正确应对示范

（客户林先生带着一个朋友陈先生前来看房）

经纪人：“林先生，这套房子很不错吧。”

客户林先生转过头来问他朋友陈先生：“您觉得怎么样？”陈先生回答说：“别的还好，就是只有一个卫生间不太方便。”林先生点了点头，“是啊，一个卫生间的确不够方便，也不够卫生。”

经纪人一看到这阵势，就知道陈先生的话对客户是否购买有很大的影响：“陈先生，您对房子可真够专业的，难怪林先生会请您帮忙看房。您说得没错，只有一个卫生间的确不太方便。不过，我们只要稍微改动一下，就可以变一个卫生间为两个卫生间了。陈先生，您说是吧？”

陈先生：“是的。张华，您看，这套房子是框架结构，这堵隔墙是可以拆除的。而这个卫生间那么大，完全是可以改为两个卫生间的。”

林先生：“哦，对啊。”

经纪人：“林先生，您这朋友真是位专家，请他来帮忙看房肯定不会看走眼的。您看这么一改，就不会有什么问题了。”

林先生：“那当然，他可是室内设计师，要不我请他来干吗？”

经纪人：“原来陈先生是室内设计师啊。不知道陈先生能否给我张名片，我这边经常会有客户买了房子要装修，让我帮忙推荐设计师和装修公司。”

陈先生：“当然可以了，这是我的名片。”

经纪人：“谢谢，以后碰到客户有需要，我就让他们给您打电话了哦。您看这套房子还有什么问题吗？”

陈先生：“我觉得还不错。张华，您看呢？”

林先生：“嗯，我觉得也还可以，比前两套好多了。”

情景六
客户带律师前来一起看房，担心律师从中作梗

错误应对示范

1. 处处提防着律师，一旦发现他说的话对签订合同不利，马上制止。

点评：房地产经纪人越制止律师的话，越容易让客户产生怀疑。

2. 担心得罪律师，觉得他是专家就什么都是对的。

点评：在法律方面，律师就是专家，最好给予其应有的尊重，但是也不用过于心虚，被律师牵着鼻子走，这样不仅无法顺利完成交易，还可能受律师感染，给交易造成阻碍。

情景解析

一些较为谨慎的客户，在准备签合同时，通常会带着律师同来，让律师帮忙把把关。对此，房地产经纪人该如何应对呢?

当客户带着一名律师出现在房地产经纪人面前的时候，千万不要紧张。买房尤其是买二手房风险很大，一些客户为了避免风险，会带着律师前来助阵，尤其是打算签合同的时候。

律师或许对房子条件的好坏没有多少发言权，但是在手续办理、银

行借贷方面，他们是专家，甚至比房地产经纪人懂得多得多。他们或多或少会有一些优越感，往往会对某些方面指手画脚，不要对他们表示不满，而应给予足够的尊重。但是，也不要以为律师说的就是正确的，更不要被他们牵着鼻子走。要知道，平等是合同应遵守的一大原则，买卖双方的权利和义务应等同，而不是偏向某一方。只要依照流程办事，把握住合同的原则方向，就大可不必担心律师的干扰。

每个人都有虚荣心，律师也不例外。为了避免律师过多地影响客户的购买决定，房地产经纪人最好能虚心听取他们的意见，对其专业性表示钦佩，比如“您这么一指点，让我学到不少东西”。但也不能过分示弱，把我们的立场告诉他：“为了确保公平，我们既要保证你们的利益，也要确保业主的利益。”既然要满足他的虚荣心，表明立场之后，可以请教他：“依您看，您认为我们应如何修改才能更好地保证双方的利益呢？”

正确应对示范

客　户：“小张，我来介绍一下，这位是孙律师，水平很高的。”

经纪人：“孙律师，您好！您可真厉害，以前上学时我一直想上法学院，可惜考不上。不知以后如果还有客户想请律师或咨询法律方面的问题，我能否打电话给您，请您帮忙？这是我的名片，您能也给我张名片吗？”（以为其提供客户为由，让其等会儿嘴下留情）

情景七

客户带风水先生一起看房，担心风水先生“搅局”

错误应对示范

1. 顺其自然，把风水先生当做客户的朋友来接待。

点评：与朋友不一样，客户既然带风水先生同来看房，说明他非常信奉风水，风水先生的意见比其朋友的意见要重要得多。房地产经纪人如果对此没有充分思想准备，很有可能会被风水先生破坏了交易。

2. 处处提防着风水先生，一旦发现他说的话对销售不利，便立即制止。

点评：对于风水先生，防范更为重要，制止是没用的。因为客户既然相信风水，他宁愿相信风水先生也不相信你。

3. 向客户传授科学思想。

点评：客户既然带了风水先生前来，说明他是非常重视风水的，这种时候，向他传授科学思想，客户不仅不会认可你，反而会对你产生不满。

情景解析

有些客户在看房的时候会带着风水先生前来。可以这么说，既然客户会带风水先生同来，说明该客户很信奉风水，风水先生的意见对其购买决策有着决定性的影响。对此，房地产经纪人该如何应对这种不利场景呢？

在我国民间，将风水术多称为“风水”，而把从事此职业者称为“风水先生”。现在的人买房越来越讲究风水，尤其是有钱的客户更相信风水。只要在网页搜索栏里输入“风水先生”，出来的大部分都是请风水先生看房的信息。

如果客户带了位风水先生来看房，千万要提高警惕，风水先生的意见对客户的购买决定影响很大。对于风水这种东西，通常是“信则有，不信则无”，既然客户会把风水先生带来，他肯定对这一块非常重视。如果房地产经纪人不识趣地跟他灌输科学思想，是完全没有意义的，还可能因此得罪风水先生，风水先生只要说几句“不宜人居”、“对前途不利”、“冲煞”等让人不安的话，这单生意就可能告吹。

对风水先生，单纯的吹捧是没有多少效用的，只要记住，风水先生也是个生意人，所有问题就可迎刃而解。大家都是生意人，都是想赚钱，如果房地产经纪人能借机告诉他，你会为他推荐生意，他还会为难你吗？

正确应对示范

客　户：“小林，我来介绍一下，这位是昨天我和你提过的李大师。他看风水可厉害了，好多人都找他看呢。走吧，我们一起去看看那套房子。”

经纪人：“李大师，您好！早就听杨先生提起过您的大名，久仰久仰！要是我能早些时间认识您就好了，上个月我有两个客户来看房，可他们找不到看风水的大师，说一定要看过风水才敢买。如果早认识您，当时把您介绍给他们就好了。对了，不知道以后如果还有客户买房时想看风水，我

能否打电话给您，请您帮忙？这是我的名片，您能也给我张名片吗？”（以为其提供客户为由，让其等会儿嘴下留情）

客　户：“好的，没问题。”

参考书目

1. 魏玉兰：房地产经纪人培训教程［M］，京华出版社，2008.

2. 周帆：房子就该这样卖［M］，机械工业出版社，2010.

3. 陈信科，范志德：二手房销售技巧——房地产经纪人的38堂必修课［M］，机械工业出版社，2008.

4. 王珺之：二手房就该这样卖［M］，机械工业出版社，2011.

5. 阙险峰：二手房销售超级训练手册——实景问答84例［M］，人民邮电出版社，2012.